起死回生ロード

倒産寸前企業の事業再生

神門 剛
KANDO TSUYOSHI

幻冬舎MC

プロローグ

もう3月というのに春の息吹も感じられず、厳しい寒さが続いていたある日。株式会社ノノマルの社長室に呼ばれた副社長の野々宮修二は、社長のデスクの前に立っていた。目の前には、兄である社長の弘樹がどっかりと椅子にもたれかかっている。

急に呼び出された理由が何か、修二はおおよその見当はついていた。つい数日前に会社の財務状況が火の車であることをレポートで報告したばかりだ。それには目を覆いたくなるような悲惨なデータが並び、さらに財務状況が悪化した原因は社長の放漫経営であることを指摘していた。

「ご用件は何でしょうか」と修二が口を開くと同時に、耳をつんざくような怒号が2人きりの社長室に響き渡った。

「この会社は俺のモノだ！」

弘樹はデスクを思い切り叩き、前に立つ修二の顔をにらみつけた。ぎょろりと大きな目を向けてくる顔は怒髪天を衝くほどの形相だ。

「俺の会社のカネを好きに使って何が悪い！　何か文句でもあるのか？」

弘樹はそう言い放つと数秒沈黙したのち、くるりと椅子を反転させて背を向けると、低い声で冷たく言った。

「不愉快だ。出ていけ」

修二は深々と頭を下げ、重い足取りで社長室をあとにした。そして扉をゆっくりと閉めると誰にも聞こえない声でポツリとこぼした。

「このままでは本当に会社がつぶれてしまう。手遅れになる前になんとかしなければ……」


……


2代目社長の放漫経営により、倒産必至の状態に追い込まれた小さな食品メーカーと、その会社を立て直すために立ち上がった副社長……。

本書は、全国どこにでもあるような同族経営を行う中小企業の事業再生物語です。私が経営コンサルタントとして数多くの中小企業の現場に入り、経営者や社員とともに汗を流してきた経験を基に創作しています。

現在、日本に存在する企業の99％以上は中小企業です（「経済センサス」２０２０年版）。また、国内企業の96％以上は同族経営だとするデータもあります（「会社標本調査」国税庁、２０２０年度）。このように数のうえで圧倒的多数を占める同族経営の中小企業は、総体として見れば日本の経済や雇用を支える基盤の役割を果たしているといえます。

同族経営は、創業者一族が保有している株式を同族内で受け継ぎ、企業理念や事業の展望などもスムーズに引き継がれるため事業を継続しやすい特長があります。しかし、同族経営ゆえの課題やトラブルを多く抱えているのも事実です。ガバナンスに加えて、特に事業承継の場面や事業承継後の経営において、会社を舞台にして家族に起因する問題が噴出することはよく見られます。どんな家族にも他人からはうかがいしれない、家族の歴史から生じた複雑な人間関係があります。そして、理屈のうえでは会社経営とは関係ないはずの家族の事情が直接的に経営に影響を与えてしまうのが、同族企業の現実です。また、近年は世代間の考え方の変化から、一族のなかで事業を継承する人を見つけられないという課題も出てきています。

そのため時として一族外の人を入れる、事業をたたむ、譲渡するといった大きな決断を迫られることもあります。

私はもともと公認会計士として会計事務所に勤務し、主に財務面から同族経営の中小企業経営者をサポートしてきました。そのなかでは経営の最重要チェック項目である財務に関して、決算書が読めなかったり資金繰りを把握していなかったりする経営者は珍しくありませんでした。

そんな現実を目の当たりにして、私は専門としていた会計・財務の視点からだけではなく、より広い観点から中小企業経営者に寄り添うために２００５年に総合経営コンサルティング会社を起ち上げました。それ以降、放漫経営からの立て直しや事業承継などの問題を抱える数百の同族企業を解決へと導いてきました。

本書は2代目社長の放漫経営により倒産の危機に立たされた企業が、再生を果たしていくまでの道筋を示すものです。自社の経営状態が悪く悩んでいる同族経営の中小企業経営者、そしてその経営者を周りで支えている人にとって希望となる一冊になれば著者としてこのうえない喜びです。

起死回生ロード　～倒産寸前企業の事業再生～　目次

［第2章］「この会社は絶対に潰れる……」

崖っぷちで固まった社内改革の覚悟

［第5章］　同族経営の争いに終止符を打つ勝負の一手
「株式の集中」で企業再生を加速させる

［第1章］

公私混同の放漫経営……暴走する2代目社長

株式会社ノノマル

東京・隅田川には夏の花火大会になると100万人近い見物客が訪れる。隅田川の花火会場からほど近くにある株式会社ノノマル本社ビルのあたりにも人があふれ、大変な混雑になる。

その花火大会も終わり、裏通りは普段の静かな場所に戻っていた。道路にチョークで何かを描いて遊ぶ子どもたちのかたわらを野良猫がのんびりと通り過ぎる。

ノノマル本社に向かう野々宮修二が子どもの頃から見てきた、変わらない東京下町の風情だ。

今はビルに埋め尽くされたこのあたりにも昔は少し空き地が残っており、近所の子どもたちが集まっては野球をしていた。

「兄貴は必ずピッチャーだったな」

修二は、兄・野々宮弘樹と遊んだ日々を思い出して切ない気持ちになった。

2年ほど前までは修二は毎日このビルに通いノノマル本社で働いていたのだ。

その本社から修二を追い出し、大阪営業所長という閑職へと〝島流し〟を命じたのが、他ならぬ兄でありノノマル代表取締役である野々宮弘樹だった。

修二が再び本社を訪れるきっかけとなったのは、2カ月前、ノノマルの執行役員を務める岩倉博明から届いた一通のメールだった。

大きな不安とわずかな期待を胸中に秘め、修二はノノマル本社ビルを見上げた。

台風が近いらしい。ビルの向こうに広がる夏空を、いくつもの雲があわただしく駆けていた。

株式会社ノノマルは40年前に、弘樹と修二の父・野々宮重蔵によって創業された。重蔵の生家はもとは長崎県の裕福な商家だったが、太平洋戦争の戦災により資産をすべて失い、戦後に一家で上京した。

重蔵は働きながら通っていた夜間大学を卒業すると大手の食品メーカーに就職した。そこで高度経済成長期に急速に開発が進んだ、加工食品やインスタント食品の開発に携わる。

重蔵は38歳のときに独立し、主にデンプンを用いた菓子原料などを製造販売する株式会社ノノマルを創業した。ノノマルは創業から数年は重蔵と妻の春子と数人の社員だけが働く小さな町工場だったが、実直な経営で成長を続け少しずつ取引先を増やした。創業15年目には、本社工場とは別に千葉県に土地を取得して生産設備を拡充し、加工飲料原料事業も始めた。さらに、10年ほど前からは、近年市場が急成長しているサプリメント原料などの製造にも乗り出した。

だが、重蔵は5年前に病に倒れ、そのまま帰らぬ人となり、長男の野々宮弘樹が事業を承継した。その時点では、正社員40人、パート社員50人、年間売上15億円ほどの規模にまで成長していた。一代でノノマルをここまで育てた創業者の重蔵は優れた経営者だと評価されてよいだろう。

創業者の功績

重蔵は昭和の高度経済成長期に成功したほかの経営者同様、がむしゃらに働く仕事人間だった。

大手企業からの下請けという立場上、無理な注文を押しつけられることもあったが、重蔵自ら工場に立ち、徹夜で働き続けた。多品種・少量生産、そして短納期で顧客の注文に応えるというのがノノマルの基本的な経営方針であり、それを実践したことで発展を遂げてきたのだ。それは当時、日本の中小製造業の多くに共通する姿勢だった。

従業員も、長時間労働、深夜残業、休日出勤などが続いたが、現在のように働き方やコンプライアンスが厳しく問われる時代ではなく、それが当たり前だと思われていた。

成功した創業経営者の多くがそうであるように、重蔵は仕事人間であると同時に、リーダーとして人を惹き付ける魅力やカリスマ性があった。その重蔵が自らほとんど休みも取らずに働いている姿を見て、ノノマルの社員たちも当たり前のように一生懸命働いた。

社員のなかでもノノマルの創業15年目に入社し、その後第一工場長兼製造部長となった荒川 彰もその一人だった。彼は生産現場のプロであり、重蔵よりも20歳近く若かったが重蔵の右腕と呼べる人物で、重蔵と同様に仕事に人生を捧げていた。

荒川以外にも重蔵を慕いノノマルのために尽くす社員が何人もおり、そのような社員たちがノノマル発展の礎となった。

重蔵の妻の春子は、重蔵より5歳年下で、重蔵が働いていた食品メーカーの経理部の社員だった。重蔵が会社を辞めて独立してから交際が始まり、その後結婚した。結婚後はノノマルで経理を担当した。普段はおとなしく控え目な性格の春子だったが、会社の経理や資金の管理に関しては重蔵に対して言うべきことをしっかりと意見した。

拡大路線に走りがちな重蔵のアクセルを慎重に抑えるブレーキ役を春子が担っていたともいえる。そのバランスがうまく取れていたことも、30年以上にわたってノノマルが堅実に成長を続けられた大きな要因だった。

「家」を重んじる教育

九州の封建的な商家で育った重蔵は、「野々宮家」すなわち「家」を非常に重んじていた。子ども時代の弘樹や修二を叱るときにも「野々宮の名前を汚すようなことするな」といった言い方をよくした。それは重蔵自身が父親から常々言い聞かされてきた言葉でもあった。

あわせて長幼の序や男女の序列など、封建的、儒教的な価値観や倫理観が重蔵の精神の基盤を形成していた。

父親が家の長＝家長であり、ほかの家族は家長に従うこと、また長男は当然に次の家長になる者であるから家長の次に偉いこと、父と長男以外の家族は父と長男のために尽くし奉仕するのが当たり前であること、女性は男性に尽くすための存在であること。こういった教えが、幼い頃から修二にも弘樹にも叩き込まれていた。

家督すなわち家の財産や、会社についても、長男である弘樹が継ぐものだと重蔵は日頃から公言しており、弘樹も修二も春子も、またノノマルの社員も信じて疑わなかった。

物心ついたときから、弘樹はノノマルの次期社長となることを約束されていたのだ。

野々宮家ではなにかにつけて長男の弘樹が優先され、重蔵は弘樹をかわいがり、小遣いもふんだんに与えて甘やかした。

その一方、リーダーとなるべき人間が何を大切に考え、どのように振る舞い、人に接するべきかなどといった、いわゆる「帝王学」のようなことは、ほとんど示されることがなかった。

創業経営者として成功し、カリスマとして社員から崇められていた重蔵にとって、経営者がリーダーシップを発揮し、人を惹き付けたり組織を指導したりできるのは当たり前のことだと感じられ、その点を深く考えたり、子に特別に教えたりしようという発想が生まれなかったのだ。

重蔵にとって、家では父親が最も偉く、他の家族は父に従うことが当たり前であるのと同様に、会社では社長が最も偉く、社員が社長に従うのは当たり前だと思われた。

その重蔵の感覚は、弘樹と修二にも受け継がれた。

修二は子どもの頃から、兄が自分より偉いのは当たり前であり、自分は兄のサポートをしなければならない、それが野々宮家のためになると信じてきた。

弘樹は大学生のときから父親に買ってもらったＢＭＷに乗り、仲間と一緒に派手に遊んでいた。弘樹の周りにはいつも派手な遊び仲間やガールフレンドがおり、弘樹はいつも気前よく仲間に奢っていた。

一方、修二に与えられていた小遣いは常識的な金額であり、それ以上が必要なら自分でアルバイトをして稼げと重蔵からは言われた。思春期の修二には父親に対して反発する気持ちもあったのだが、口には出せなかった。だが不思議と弘樹に対しては反発する気持ちも、またうらやましいと思う気持ちも生まれなかった。ただ長男なのだから当たり前だと思っていたのだ。

母の春子もまた、重蔵の教えどおりに弘樹を家の跡取りとして重んじた。だが、春子は修二に対しても細やかな気遣いを見せ、母親の愛情が2人の兄弟に等しく注がれていることを常に伝えていた。


弘樹は大学を卒業後、すぐにノノマルには入社しなかった。重蔵も、さすがに弘樹をすぐノノマルに入社させるのでは視野が狭くなり過ぎると考えたのだろう。一度は他社で勉強してこいという重蔵の勧めで、弘樹は同業他社ともいうべき飲料メーカーの品川飲料株式会社に就職した。

修二のほうは、大学時代からノノマルが忙しくなる決算期などにはアルバイトとして春子の手伝いをしていた。そして大学を卒業するとそのままノノマルに正社員として入社した。工場での製造や取引先への営業など、2年ほどかけてひととおりの業務を経験してから経理部で春子の部下になった。

修二がノノマルに入社することに対して重蔵は特に意見はしなかった。ただ野々宮家とノノマルのために弘樹をしっかり支えていくようにと言っただけだった。

2代目社長の暴走

数年の時が過ぎ、品川飲料を退職した弘樹はノノマルに入社した。それからしばらくして、修二たちにとってショックな出来事が起こる。

春子に進行性のがんが発見され、わずか半年後に亡くなってしまったのだ。まだ58歳の若さだった。重蔵も弘樹も悲しみに暮れたが、幼い頃から母親っ子でノノマルに入社後も春子のもとで働いていた修二の落ち込みようは、はたから見ても痛々しいほどだった。

また社員たちも皆、会社における母親のような存在だった春子の死を家族の死であるかのように悲しんだ。

ワンマン経営者の重蔵は、気に入らない社員を怒鳴りつけたり厳しく叱ったりすることはしょっちゅうだった。だがそんなときも春子は穏やかに重蔵を諫め、うまく社員のフォローにまわった。春子のおかげで辞めずに済んだ社員も何人もいた。

重蔵は常々、弘樹や修二に「ノノマルは野々宮家のものだ」と言っていた。何かの折に激昂したときなどは、社員の前でもそんな言葉が出てしまうこともあった。

そんなときも春子は社員が働いてこその会社だという思いを常にもち、「ノノマルは野々宮家と社員さんみんなのものですよ」と静かに言うのだった。春子は社員たちの心の拠り所になっており、修二はそれを誇りに感じていた。


春子の死から7年後、今度は仕事中に重蔵が脳出血で倒れた。救急車で病院に運ばれ緊急手術を受けたものの容態は回復せず、そのまま帰らぬ人となってしまった。

菩提寺で行われた社葬の後、重蔵の遺言に従って弘樹が2代目の株式会社ノノマル代表取締役に就任した。また修二は専務取締役とされた。

重蔵の遺産は自宅の土地や本社ビルの土地を含め、遺留分侵害が生じない範囲で大半が弘樹へと相続された。またノノマルの株式については70％が弘樹、30％が修二に相続された。

社員も、取引先や金融機関なども、弘樹が後継者になることは以前から想定しており、既定路線であったため代替わり後も業務には特に混乱は生じなかった。

承継後、数カ月が経過した頃、弘樹の行動に変化が見られるようになってきた。まず弘樹が使う接待交際費の額が目に見えて増え始めた。それも銀座の高級クラブなど、重蔵の時代には使われなかった店の領収証が多くなった。領収証があればまだいいほうで領収証が渡されない使途不明金も急増した。

重蔵はワンマン経営者ではあったが、会社の経費を無駄遣いすることは少なかった。貧しい幼少期を過ごし、創業時にもそれなりにカネで苦労した経験もあったので、カネの大切さを理解していたためだろう。また、長い間にわたって春子が経理を見ており、公私混同を許さなかったことも大きかった。

しかし子どもの頃から潤沢な小遣いを与えられ、ノノマルに入社してからもカネで苦労したことがない弘樹には節約の美徳は無縁であった。

会社には多額の現金があり、しかもそれは〝野々宮家のもの〟なのだ。であれば自分が私的な飲み食いに使うことはまったく問題ないと弘樹は考えていた。

代替わりから1年以上経つ頃には弘樹は毎月少なくても50万円、多いときは100万円を超える交際費を使うようになっており、年間だと1000万円前後にのぼった。

当時のノノマルは売上高15億円で営業利益1億円程度であったから、1000万円の交際費はかなりの高額だ。

修二は2、3度、交際費の利用が多過ぎるのではないかと弘樹に指摘したことがあるが取り合ってもらえず、修二にはそれ以上追及することはできなかった。

歪んだ人事、「品川派」と「7人のサムライ」

弘樹の乱脈は交際費だけではなく人事にも及んだ。

重蔵時代から、ノノマルにはきちんとした人事評価制度や昇給テーブルなどは存在せず、昇進や昇給はその時々の業績や社長の気持ちで極めて適当に決められていた。これは社員10人程度の日本の中小企業では、どこでも似たような実態だろう。しかしノノマルは売上高15億円、正社員40人、パート社員50人の規模になっても、そんな状態だった。

また、重蔵社長時代にも、弘樹が、品川飲料時代の後輩を入社させたいと頼んで、品川飲料の後輩2人を入社させていたことがあった。お世辞にも仕事ができる有能な人材とはいえなかったが、大きな弊害があるわけでないので誰も特に文句は言わなかった。

弘樹が社長になってからは、元品川飲料の社員が5人も入社してきた。というのも、品川飲料は3年ほど前に倒産しており、就職先に困っている者が多かった。弘樹は仲が良かった5人を入社させたのだ。懐が広いともいえるが、単に自分の〝お友達〟を社内に増やして、いい顔をしたいのだろうと社内の誰もが感じていた。

採用された5人は、他社に就職できないような者たちなので、優秀と評価できる人はいない。ノノマルの社内では、陰で「品川派」と呼ばれ、仕事ができない困った人たちだとみられていた。

さらに、社員だけではなく弘樹が呼んできた顧問も増えた。食品業界紙の元記者や、広告代理店の元役員といった人たちで、広報を活性化して人脈を広げるといった名目で顧問になった。

顧問には、弘樹が夜の街のクラブなどで知り合った元証券会社社員や、元不動産会社社員、元化粧品メーカー経営者など、今は何をやっているのか素性のよく分からない人たちもおり、新規ビジネスを起ち上げるとか、海外に進出するなどといったことを、弘樹と話したりしていた。

なんらかの名目での顧問は7人もおり、いずれも週に1~2回、半日程度出社するだけで月20~30万円の顧問料を支払っていた。社員たちは彼らを「7人のサムライ」と呼んで半ば揶揄していた。

無謀な売上拡大路線

社長就任後、弘樹は売上拡大路線を突き進んだ。社員や顧問などの採用も、弘樹にいわせると、売上を増やすにはもっと人がいる。人が増えれば売上も増えるはずだという考えに基づいてのものだった。

弘樹は品川飲料時代にずっと営業畑の仕事をしてきた。いつも自信満々で押しが強い弘樹は営業成績も悪くなかった。ノノマルに入社後も重蔵の補佐をしながら新規取引先を開拓し、引き合いを何件も獲得している。

ただ、細かい数字の管理やフォローは非常に苦手だったので、自分が開拓した営業先でも具体的な見積もりや商品受注の段になると、すべてほかの人に丸投げしてしまっており、引き合いまではたどり着いても、商談の段階で話が頓挫してしまうことも多い。弘樹にとって、会社の成長とはなによりも売上増加であった。「まず売上を増やす。そうすれば自然と利益が増える、それが会社の成長だ」という経営哲学を常々公言していた。

事業承継から1年後に弘樹は「売上高100億円目標」を取締役会で発表し修二を驚かせた。

これは現在15億円の売上高を5年後に25億円、10年後に50億円、20年後に100億円にまで伸ばすことを目指すというものだった。

そしてそのために人員の拡充や新事業の開拓、生産能力の増強をしなければならないと弘樹は主張した。

当時ノノマルの役員は代表取締役の弘樹と専務取締役の修二のほかに営業部長の岸康夫が平取締役、そして弁護士の高橋浩志が監査役という布陣だった。岸は弘樹が5年前に連れてきていきなり営業部長に据えてしまった品川派の人間で、いわば弘樹の腰巾着だった。会社法の規定で取締役会設置会社には3人以上の取締役が必要なので、頭数合わせに弘樹が取締役に抜擢したのだった。

そのときの取締役会では突然に打ち出された100億円という途方もない数字に弘樹以外の全員が唖然として言葉を失い、賛成も反対もなかった。

弘樹の事業拡大の第一弾として、重蔵社長時代から細々と受注していたサプリメントOEM事業に注力して1年以内に大々的に拡販すること、そのために専用の第二工場を建設することが計画された。またサプリメントで得られた研究開発力を応用し、近い将来には化粧品事業にも進出して、単なる食品・飲料加工業から研究開発にも力を入れたファインケミカル企業へと脱皮するとされた。

さらに将来の中国市場への進出を見越して足がかりとして上海に営業所をつくることも決定された。上海の営業所長には中国語が話せるという、元証券会社社員であった顧問の北島が就くことになった。北島は、上海の株式市場は日本よりも規制が緩いので現地法人が軌道に乗れば近いうちにIPO（株式公開）することも夢ではないなどと話していたが、修二には完全に夢物語にしか聞こえなかった。

第二工場は埼玉の川口に建設した。土地の取得と工場建設のために4億円をメインバンクの理想銀行から借り入れた。それまで、4億円ほどの運転資金を借り入れていたので借入額が倍増したことになるが、優良企業だと思われていたノノマルに理想銀行はすんなりと融資を実行した。

この時点で、ノノマルの貸借対照表は、総資産が約10億円、純資産が約3億円で自己資本比率は3割だった。優れているわけではないが中小企業としては特に悪いというほどでもない。

それから2年後に自分がノノマル本社を追い出され大阪に行かざるを得なくなることも、3年後にノノマルが債務超過で倒産寸前にまで陥ることも、そのときの修二には想像すらできなかった。

ずさんな経理

岩倉博明はもともと理想銀行の行員で、定年まで主に企業融資部門での業務に携わり60歳の定年で退職していた。銀行員時代に担当した企業のなかには、そのあと株式上場を果たして大企業になった会社もある。中小企業とその経営者を支える仕事をしてきたという自負があった。

定年後は、在職中に取得していた社会保険労務士の資格を活かして、いくつかの企業で人事顧問のような仕事をしていた。働けるうちは、中小企業を支える仕事を続けたいとの想いがあった。


あるとき、岩倉に、かつての上司で今は理想銀行の役員をしている山口から電話があった。墨田区にノノマルという会社があり、理想銀行からは10億円近い融資をしているという。技術力は高く素性は悪くない会社なのだが2代目社長になってから財務の状況がおかしくなっているという。

そこに、理想銀行系の人材会社を通じた派遣という形で、社外取締役として会社に入って財務のチェックや経理体制の整備をしてくれないかという話だった。

岩倉はさほど深い考えもなく引き受けることにした。山口は助かったと言い支店の担当の杉浦という行員から後で連絡をさせると言った。

ノノマルに出社した初日から、岩倉は驚きの連続だった。まず社長室で弘樹に挨拶をした際、開口一番に銀行の言いなりになる気はないと言われ面を食らった。その後、経理担当者の前田に業務内容を聞いてみると、経理といっても伝票や請求書、見積書などの書類を整理してからパソコンの経理ソフトに入力し、それを月に1回顧問税理士の先生に渡すだけだと言う。さらに、ノノマルでは資金繰り表を作成していなかった。

弘樹は試算表の売上高と税引前利益を簡単にチェックするだけらしい。試算表をベースにした月次の経営会議も開かれていないようだ。

売上高の規模に似つかわしくない、あまりにもずさんな経営管理だった。

「以前からずっとこんな感じで経理をしているのですか？」

前田によると、2年ほど前までは、社長の弟である野々宮修二が、経理を見ていたという。だが、修二は大阪営業所に飛ばされ、その後、社内で唯一簿記3級を取っていた前田が臨時で経理担当になったということだった。ところが、臨時のはずが、後任者が採用されず、今も前田がそのまま会計ソフトへの入力業務を続けている。

なぜ、社長の弟が大阪に飛ばされたのか、岩倉は疑問に感じたが、初日からあれこれ聞くのも不躾な気がして、それは尋ねなかった。

それから1カ月ほどかけて、岩倉はノノマルの業務内容や生産体制、業績、財務などの理解に努めた。帳簿や財務諸表の詳細なチェックはもちろん、工場や倉庫にも何度も足を運んで現地調査も行った。

ノノマルの財務状況や業務状況はかなり悪いことが分かった。特に売上に対しての融資残高と返済金額が大きかった。資金繰りはかなり切迫しており、劇的に営業キャッシュフローが増加するなどの変化がなければ、このままの状態で融資返済を続けることはかなり難しくなると思われた。もしかしたら銀行に対して返済条件変更（リスケジューリング、略してリスケ）を申し出なければならないかもしれない。

事前に想像していたよりもずっと悪い状態ではあったが、岩倉にとってそれ自体は驚くべきことではなかった。中小企業のほとんどは多かれ少なかれ財務に問題があるものだし、状態が悪いからこそチェックをして体制を整備してほしいと山口は依頼してきたのだ。

ただ岩倉を悩ませたのは、その原因が社長の弘樹にあり、弘樹自身にそれを改善しようという意思がまったくないことだった。

ノノマルの状況がかなり把握できた時点で岩倉は弘樹と面談してもらう時間をもった。そしてこのままでは1年を待たずにキャッシュフローが行き詰まりそうなこと、リストラなど無駄な費用の削減に取り組むべきであること、リスケも視野に入れたほうがいいこと、経理に詳しい人材を採用するべきであることなどを進言した。

岩倉の話を聞き終えた弘樹は怒り交じりに理想銀行から追加の融資を引き出してくるように厳命し、さらに自身の交際費の件で何か嗅ぎまわるようなことをするなと釘を刺した。実は岩倉は、数日前にこのところ領収証がない使途不明金が急増し、その金額が多過ぎるので必ず領収証を確認するようにと経理の前田に話していたのだ。

――ノノマルの最大の問題はこの男だ。

岩倉はそう確信した。

翌日に岩倉は、理想銀行の本店に山口を訪ねた。岩倉は、ノノマル苦況の原因は社長にあるが、あの社長をコントロールすることは不可能であり、ノノマルを立て直すことはできないだろうと告げ、ついては今回の仕事を辞めさせてほしいと言った。山口は黙って岩倉の報告を聞き、しばらく考え込んだあとに、弘樹の弟である修二を大阪から呼び戻してもらえないかと頼んできた。そして、修二とともに建て直しに向けて頑張ってほしいと山口は深々と頭を下げたのだ。

山口には恩義があり、袖にはできない。

帰宅した岩倉は、さっそく修二にメールを送った。もう少しだけ、ノノマル再生のために頑張ってみようと気持ちを固めた。

【ポイント解説】

日本の中小企業のほとんどは株主と経営者が同一であるオーナー企業か、家族や親族で株主や経営層が構成されている同族企業です。

そのような親族経営の中小企業では経営規模が小さいことに起因する経営課題や、親族経営であるがゆえの経営課題も数多く生じます。前者と後者は本質的には別の課題ですが中小企業のほとんどが親族経営であるため、一体的に生じてしまうことが多いのです。

物語のなかにもそれらの代表的なものがいくつか登場してきました。それぞれのポイントを解説します。

▼なぜ創業家において、2代目の育成が難しいのか

物語では創業者の跡を継いだ2代目社長の弘樹が会社を私物化して、業績を悪化させていく様子が描かれています。現実にも2代目あるいは3代目などの後継社長が乱脈経営をしたことで経営が悪化し、最悪の場合破綻してしまう企業は枚挙にいとまがありません。

なぜそうなるのかといえば、そもそも先代の経営者が後継者の育成をしっかり行わないままで、事業承継による経営者交代が行われてしまうことに原因があります。2代目がたまたま経営者としての資質をもっている人物であればそれでもうまくいくでしょうが、優れた経営者の子だからといって必ずしも優れた経営者になるとは限らないことはいうまでもありません。

ではなぜ中小企業で後継者が育成されないことが多いのかといえば、これにはいくつか理由があります。

1つ目は先代経営者は事業承継をまだ先のことと考えて、そのために後継者育成を先延ばしにしてしまう傾向があることです。会社員であれば定年がありますが経営者にはそれ

がありません。そのため70歳になっても80歳になっても経営トップに座り続けることもできます。そして自分がまだトップで働けると感じているうちは、後継者を本気で育成できないことが多いのです。そうこうするうちに万一のことが起きれば後継者は育成されていないまま承継が生じてしまいます。

2つ目は創業経営者には一般に非常に優秀な人物が多いですが、そういう優秀な人物から見ると、自分の子など後継者として考えている人間がどうしても頼りなく不十分に見えてしまうということがあります。また実際は創業経営者の子どもだからといって創業者と同じように優れた経営的な資質をもっているとは限りません。するとますます、まだまだ子には任せられないとばかりに創業者がいつまでもトップで指揮を執り続けてしまうことになります。そうすると後継者はトップとしての経験が積めず、その能力を伸長させることができません。

3つ目の理由としては、そもそも意識的な育成が必要なことを知らない経営者も多いということです。特に創業経営者は自分が親から教えられて経営者になったわけではありません。そのため自分の子どもも誰にも教えられなくても自然に経営者になれるだろうと考えてしまうのです。あるいは教えられたことがないので教え方が分からず、背中を見て学べといった以心伝心的なやり方で伝わるだろうと考えてしまいます。

しかし残念ながらそれで人を育成できるのは極めて例外的なケースです。

「経営するとはどういうことなのか」「経営で大切にすべきことは何か」といった自分が考える経営の本質をきちんと言葉や文書、行動指針などにして伝える必要があります。さらに実際に部分的な経営を体験させトライアルアンドエラーで学ばせることも必要でしょう。手間も時間もかかりますが、そうしてしっかりした教育を施して見守りながら経験をする時間を与えて、初めて経営者としての育成が可能になるのです。

たいていの創業者は創業時に資金のことで非常に苦労をします。そのため資金繰りにもシビアになりますし無駄な出費にも敏感になることが多いのです。

しかし2代目経営者は若い頃から比較的裕福な暮らしをして、お金の苦労を知らずに育っていることが大半です。創業時に資金が足りなくなる苦労も知りません。そのために経営においても適切な資金管理ができず浪費や無謀な投資などをしてしまいがちです。

経営が順調に拡大しているときには、それでも大きな問題は生じにくいと思います。しかし例えばコロナ禍における飲食業のようにひとたび事業環境に逆風が吹くと、無駄の多い経営は一気に苦況に陥ってしまいます。

企業経営における資金管理の重要性をしっかり理解できるように理屈で教育していく必要があります。

▼後継者育成とあわせて、後継者の「右腕」を育成することが重要

後継者育成に関してもう1つ大切なポイントは後継者を支える人材、右腕やナンバー2と呼ばれるような人を必ず育成しておくことです。

2代目経営者に対しては親族（子）ということによる正統性が付与されることから、親族外の人が率直な意見を具申することはなかなか難しくなります。ナンバー1のオーナー経営者が絶対的な権力者であとはそれ以外の者という人員構成になりがちです。

しかし一般的にいえば間違った方向に進んでいるときに耳が痛い意見を、対等に近い立場から率直に具申されることが有益なのはいうまでもありません。オーナー経営者とそれ以外という構成ではそれが行われなくなってしまいます。すると経営者が間違った方向に

進んだときの軌道修正が難しくなります。

　先代経営者の右腕だった人が番頭的な役割を果たすこともあるでしょうが、そういう人は後継者よりも先代に近い年齢のはずです。すると事業承継のあとに長い期間勤めることは難しいといえます。理想的には後継者育成にあたって、後継者と同じ年代でナンバー2となれる人材を社内で意識的に育成しておくことです。もちろんそれが兄弟姉妹などでもかまいません。

　物語においても弘樹と対等な立場で接することのできるナンバー2として修二を育成していれば結果はだいぶ変わっていたはずです。

［第2章］

「この会社は絶対に潰れる……」崖っぷちで固まった社内改革の覚悟

「不祥事」の真相

初対面の修二から岩倉が受けた印象は、ずいぶん疲れているというものだった。それは単に身体的な疲労というだけではない。生きることそのものに疲れてしまったような深い諦念の気配が修二の瞳にはあった。

喫茶店の小さなテーブルをはさんで2人は向き合った。岩倉はノノマルの現状や、このままでは経営が悪化していく一方だと見込まれること、その原因は弘樹社長のガバナンスにあること、銀行も問題視していることなどを説明した。

修二は時折さもありなんという表情で深くうなずきながらも口をはさまずに黙って聞いていた。

「ぜひ修二さんには東京本社に戻っていただき、弘樹社長の暴走を止めてノノマルの経営を正常な形に戻していただきたいのです。これは銀行からのお願いでもあります」

岩倉がそう言うと修二は無理だと即答した。

この返答は岩倉にとって半ば予想していたものであったが、それには答えず、逆に修二が大阪に飛ばされた理由を単刀直入に聞いた。

実は岩倉は大阪に来る前に、修二について複数の社員に話を聞いてみたところ、一様にその評価は高く、いなくなったことを惜しむ声ばかりだった。一人の古参社員は、修二が社長になっていればノノマルも以前のように安心して働ける会社になっていたとまでこぼしていた。だからこそ、修二が不祥事を起こしたことが解せなかったのだ。

真剣な目で訴える岩倉の熱意にほだされたのか、修二はまたコーヒーを飲むと諦めたようにふうと息を吐き話し始めた。

修二の話のあらましは以下のようなものだった。

事業承継後ノノマルは野々宮家のもの、ひいては自分のものだと公言してはばからず、経営を私物化する弘樹に対し、母・春子のノノマルは社員みんなのものという考えを受け継いでいた修二はたびたび意見をした。しかし弘樹は聞く耳をもたない。

そして弘樹は会社経営だけではなくプライベートでも派手な遊びをして浪費を続けていた。その最たるものが相続税の未払いだった。重蔵の財産の大半を相続した弘樹は相続税も高額になり、およそ4000万円の納税額となった。ところが弘樹には2000万円ほどの貯金しかなく、納税資金が足りなかった。弘樹はとりあえず2000万円だけを支払い、あとは延納する手続きをしたものの期限が来ても支払えない。延納の担保としていたのはノノマルの本社ビルだった。

税務署から何度督促が来ても弘樹は無視し続け、ついにこのままでは本社ビルが差し押さえられてしまうという寸前になって、修二に2000万円貸してくれないかと泣きついた。

これはもともと自分が本社ビルを相続したために支払わなければならない税金であり、つまりノノマルのための支払いである。そうであるなら弟である修二が資金を貸して支えることは当然である、というのが弘樹の言い分だった。

修二は銀行に借りればいいではないかと言ったが、弘樹は銀行に弱みを握られると言って拒否した。修二はそんなものかとそのときは思ったが、実際のところ、弘樹はすでに銀行からも個人での借金をかなり重ねており、追加で2000万円も借りられるような状況ではなかったのだ。

結局、修二は自分の個人資産から2000万円を用立てた。もし本当に税務署に本社ビルが差し押さえられたら会社の信用がガタ落ちになるというのが1つの理由だった。

そしてもう1つの理由は弘樹から「そもそも弟は兄を支えるもの。それが野々宮家だ」と言われたことである。修二たちが子どもの頃からいやというほど重蔵から教え込まれてきたあの理屈だ。

修二は、さすがにその理屈を正しいとは思っていなかった。しかし弘樹のほうは、弟は兄を支えるために2000万円くらい出すのが当たり前だと信じ切っていた。

そんな弘樹を見て修二の心に浮かんだのは、一言でいえば、哀れみの情である。そして修二はお金を貸した。貸し金という文字どおりの貸しができたことから、修二は会社でも弘樹に対して意見をするようになった。

会社のお金は弘樹のものでも修二のものでもない。ノノマルの社員全員で額に汗して稼ぎ出した全員のお金だ。それを無意味に浪費されることが修二には我慢できなかった。

2人の対立はだんだんと激しくなり弘樹が怒鳴りつけることもたびたびだった。弘樹は自分に意見をする修二が気に食わずに憤慨して「弟のくせに生意気だ」「専務が社長に意見するとはなにごとだ」と取り巻きの顧問などにたびたび漏らしていた。顧問の連中はまったくおっしゃるとおりだと追随するだけで、弘樹を諫めたり意見をしたりする人間は会社のなかにも外にもいなかった。

修二はそんな弘樹の様子に〝裸の王様〟という言葉が思い浮かび、ますます哀れに感じるのであった。

そんなときに社員の不正が発覚した。営業部の社員が特定の取引先A社に不正な値引き販売をして、バックマージンを得ていたことが発覚したのだ。

弘樹はこの事件は経理部の修二の管理がずさんだから生じたと主張した。もちろん経理のチェックが甘かったという面もあるだろう。しかし営業部員が売上の数字をごまかして申告したり請求をしなかったりといった事態を経理部で見抜くのは難しい。

それよりも第一義的には営業部の上長の管理責任が問われるべきであろう。しかし弘樹は品川派である営業部長の岸 康夫に対してはいっさいのとがめをせず、すべてを経理の修二に責任を押しつけ、責任を取らせるという名目で弘樹を専務取締役の任から解き、大阪営業所長を命じたのだった。

借金問題以降なにかと弘樹に意見をするようになりうるさくなった修二を追い払おうという意図があったことは明白だと周囲の者は感じた。

以上が2年前の不祥事の真相だった。

大阪に来てから、折に触れて修二の胸に去来していた思い、それは一言でいえば後悔の念である。

——あの借金を申し込まれたとき心を鬼にして貸すのを断っていたら、どうなっていただろうか。もしかしたら、自分が易々とお金を貸してしまったことが、兄をダメにすることを後押ししたのではないか。そんな後悔の念が修二の瞳に沈む諦念の裏にあった。その思いを今また修二は噛みしめていた。

だが修二は、そんな心の内を岩倉に話すつもりはなかった。それは子どもの頃から築かれてきた自分と兄との関係のうえでの感情であり、それを知らない他人に話したところで分かってもらえるとは思わなかったからだ。

修二の話を聞き、岩倉はますます修二を本社に戻さなければならないという思いを強くした。

追加融資の条件

1年前にノノマルは上海営業所を設立し、証券会社出身の北島顧問が支社長を務め現地スタッフも雇用していた。多額の資金をつぎ込んで1年かけて、やっと本格的な営業がスタートできそうな状態になっていたが、ちょうど中国での反日デモが激化し、取引をしてくれそうだった現地企業の腰が引けてしまい契約が白紙に戻ってしまったのだ。それどころか現地での営業許可も取り消されそうなうえ、赤字を垂れ流しているような状態になっていることを修二に伝えた。修二は上海支社をつくって中国市場に進出するということは聞いていたが、まさかそんな状態になっているとはまったく知らなかった。

さらに岩倉は、川口の第二工場の製造ラインで機械トラブルが続発しており稼働率がまったく計画どおりに上がっていないことも説明した。資金繰りが悪化し社長は理想銀行に運転資金の追加融資を申し込んだが、社長の乱脈を銀行が把握しているため経営責任を取って、経営陣を刷新しなければ融資はできないと言っている。ノノマルはすでに債務者区分が正常先ではなく要注意先となっているのだ。

このままだと1年後にはもう1段階下の破綻懸念先に区分される可能性が高く、そうなれば新規融資は基本的に受けられなくなる。さらに下の実質破綻先にまでなってしまうと、積極的な回収が図られるようになる恐れもあると付け加えた。

眉間にしわを寄せ険しい表情を浮かべる修二に対して、岩倉は理想銀行が追加融資の条件として求めてきた項目を明かした。一つは、修二を取締役副社長に据えるということだった。この条件には弘樹は反対したが、最終的には了承していた。

もともと銀行が最初に提案してきた条件は、経営責任を明確化するために弘樹には代表権のない会長として退いてもらい、修二か銀行から派遣した人材を新しい代表取締役に据えるというものだった。これはさすがに認められないと弘樹の表情もこわばり、妥協案として修二を取締役副社長に据える提案を飲んだという経緯があった。

修二は弘樹の腹が読めた気がした。おそらく弘樹は、弟はどうとでもコントロールできるため実質的には今までと変わらないと思っているのだろう。だからこそ、妥協案を飲んだのだ。

「社員みんなのためにもお願いします」と繰り返す岩倉の言葉を聞きながら、修二の脳裏には春子の姿が浮かんでいた。

山積する社内課題

大阪で岩倉からの話を聞き副社長となってノノマルを立て直すことを了承してから、3日後には辞令が発令され修二は東京へ戻った。

1年ぶりに本社に足を踏み入れた修二は、久しぶりに顔を見る社員たちに挨拶しながらまっすぐに社長室に向かった。ノックをしてから社長室に入ると、弘樹がデスクの向こうに腰掛け、正面からこちらを見つめていた。修二もまた直立不動の姿勢で弘樹を正面から見据えた。2人の視線がぶつかる。

修二が深々と頭を下げると、しばしの沈黙のあと弘樹が口を開いた。

「分かっていると思うが、お前を呼び戻したのは銀行の顔を立てただけだ。余計なことは絶対にするなよ。いいな。ノノマルは俺の会社だということを忘れるな」

デスクに座ったまま弘樹はそれだけ言うと横を向いて週刊誌を読みだした。

変わらない兄の姿に修二は苦笑いしながら社長室をあとにし、岩倉との打ち合わせを始めた。

岩倉が整理してくれていた資料によると、最新の決算では売上高は16億円ほど、修二がいたときよりも3億円以上増えていた。しかし1億円の営業赤字が生じており、当期純損益もほぼ同額の赤字であった。さらに最新の月次試算表によると債務超過は2億円だ。修二がいた2年ほど前はまだ自己資本比率は20％以上あったので、驚くべき速度で財務が悪化している。

負債残高は長期短期合わせて約13億円と3年で倍増し、有利子負債返済額は元利合わせて1000万円ほどだった。岩倉の試算では、このままいくと1年を待たずに資金ショートし給料や仕入代金が支払えなくなる見込みだという。

数字だけではなく社内の雰囲気や社員の様子も2年前とはだいぶ変わっていた。それは一言でいえば弛緩した、淀んだ空気である。

例えば、営業社員のほとんどがいつも社内にいる。忙しく電話をしているかといえばそうでもなく何を営業しているのかよく分からない。ノノマルの事業はBtoBの受託事業なので飛び込みで営業して回るようなスタイルは必要ないが、それでも顧客や見込み客先に足を運ぶのは営業の基本である。

また工場では仕掛品があちこちに積み上げられ、手待ち時間で休憩する者が頻繁に見られた。段取替え（製品種別変更のための原料準備や機械設備準備など）のたびにラインが止まるが、その段取替えのスケジュールもあるのかないのか分からなかった。

工場隣接の倉庫は原材料や包装容器が乱雑に置かれ、何がどこにあるのか修二にはさっぱり分からなかった。

ノノマルには生産管理部があり工場への生産指示や原材料、包装資材などの仕入調達を担当していた。営業部の受注内容は生産管理部に伝えられ、生産管理部が生産計画の概要を作成し工場長に生産を指示する。

その流れは一方通行であるため、営業部では工場のスケジュールを直接把握していない。大量受注や急な納品をしなければならない受注があれば、しわ寄せは工場にいく。急な残業になることも多いため、工場のスタッフは常に生産管理部や営業部の悪口を言っている。一方で、営業社員は、工場の製造が遅いので、納期が遅れそうになると言って常に生産管理部や工場スタッフの批判をしていたし、開発部がろくな商品を作らないから売れないと開発部への不満も述べていた。

営業部と工場の製造部だけではなく開発部や生産管理部、経理部など各部署間の仲も険悪で、普段のコミュニケーションはまったくなかった。

修二は財務の数字だけではなく、このような社内や工場の様子からもノノマルの現状に対する危機感を強めた。

副社長に就任して2週間ほどでひととおり社内の現状を把握した修二は、できることから手をつけようと、管理部を新設し、経理や人事、総務などの機能をまとめて管理することとした。経理はともかく人事や総務については、それまでは管理する専任担当者も存在しなかった。

また、資金繰り表は岩倉が個人的に作っていたものを正式なものとして採用した。

そして今後のノノマルの経営について、弘樹と協議するための、場を設けた。2人だけで腹を割って話し合おうと岩倉や他の役員は同席させなかった。

社長室で弘樹のデスクに資料のコピーを広げながら、修二はまず財務状況と資金繰りについて説明した。2期連続の営業赤字であり現在の債務超過は相当に危険な状況で、資金繰り表によれば1年以内にキャッシュが不足するおそれがある、これをどう打開するのかと尋ねた。

弘樹はその問いに直接は答えず、自らを正当化させる発言を繰り返した。

父が作ったノノマルは野々宮家のものであるから、今は当然家長である自分のものであるというのだ。さらに話は銀行の悪口にまで発展し、「だいたい銀行の連中は調子のいいときはもみ手で金を借りてくれとすり寄ってくるくせに、少し調子が悪くなるとすぐに手の平を返す。最低の奴らだ」とまで言い放った。

そこまで沈黙を保っていた修二だったが、たまらず債務超過に陥っている現状について指摘すると、弘樹はフロアまで聞こえるのではないかと思えるほどの大声で怒鳴った。

「なにが債務超過だ。そんなものはただの帳簿上の数字でビジネスには関係ない。ノノマルの売上はちゃんと伸びているだろ。会社の成長は売上が伸びることだ」

以前の修二であれば、ここで引き下がっただろう。しかし今は修二も変わっていた。自分が踏ん張らなければノノマルが危ないのだ。

売上が増えても、赤字が続いて債務超過が大きくなればいずれ現金が足りなくなって、仕入代金も従業員の給料も払えなくなることをはっきりと説明した。

しかし、弘樹はそんなことがあるわけがないと平気な顔で言った。修二は弘樹の経営に対するあまりの理解のなさに愕然とした。

「上海や川口工場の件で最近たまたま費用が多く出たから赤字にはなったが、それもすぐに取り戻す。債務超過なんて気にしているのは銀行だけだ。お前も銀行みたいなことを言っていないで、営業の連中の尻を叩いて売上を伸ばす方法を考えろ。売上が伸びれば全部解決するんだ」

そう言った弘樹は、修二が黙り込んでいるのを見て言葉を続けた。

「中国の反日デモはブームみたいなもので、しばらく待てば落ちつく。そのあと、本格的に営業を開始したら、いずれノノマルの株を上海市場で上場させることも可能だと北島は言っている。上場できれば一攫千金だ。カネの心配などいらなくなる。だからそれまであと2年か、3年はどうしても売上を増やしていかなければならないんだ」

熱に浮かれたように語る弘樹を前に、修二は悪い夢でも見ているようだった。

起死回生への第一歩

数日後の昼休み、修二は岩倉とともに会社近くの個室がある和食店に入り、中国でのIPOの件について話し合った。岩倉が自身の知り合いに北島顧問のことを少し調べてもらったところ、悪い評判しか出てこなかった。証券会社を辞めたのも顧客を半ば騙して勝手に客の株や投資信託の売買をしていたことがばれて、クビになったというのが真相らしい。しかも上海に現地妻のような女性を囲っているようだった。

北島顧問は結婚しており子どももいた。聞くところによると、これまで秘密にしていたのが妻にばれて大変な騒ぎになったらしい。つまり、上海事業所が閉鎖されたら自分が困るため、ありもしない上場話を弘樹に吹き込んで延命しようとしていたのだ。

上海事業所の資金繰りを計算してみたが、思ったよりも状況が悪くなっていて半年後くらいには資金ショートになる可能性があった。とにかく早急に手立てを考えなければならない。

2人で思案していると、何かをひらめいたのか岩倉の表情がパッと明るくなった。

前職の知り合いに、苦況に陥った企業の立て直しや再生を専門にしているコンサルタントがいたことを思い出したという。神島という人物で、いくつもの企業の立て直しに関わった敏腕コンサルタントであり、比較的良心的な報酬で請け負ってくれるらしい。

岩倉さんが奨める人なら間違いないだろうと修二も考え、さっそく一度会ってみることにした。

修二が神島から受けた第一印象は地方の国立大学の教授にいそうな人というものだった。年齢的には50代前半というところだろうか。落ち着いた物腰と側頭部にうっすら見られる白髪がそれを物語っている。

岩倉の話から、ウォール街を闊歩しているエリート金融マンといった風情を勝手に想像していた修二にとって神島の印象は少し意外だったが、親しみがもてた。隣には神島より20歳ほど若そうな、神島コンサルティングの部下である伊藤も同席していた。修二から改めて立て直しについて依頼すると、神島は穏やかな口調で言った。

「御社の状況を詳しく見せていただかないと、正直分かりません。私たちは『どんな会社でも必ず立て直します』などと、いい加減な口約束はしません。現実的に立て直せる可能性が高い会社もあれば、その可能性がほとんどない会社もあります。御社がどちらなのかは詳細を調べてみなければなんとも言えないのです」

修二は慎重に言葉を選びながら、もし立て直せる可能性が低かった場合はどうなるのかを聞いた。神島はあっさりした表情で、「早くつぶして廃業したほうがいいでしょうね」ときっぱり言い切った。

修二は二の句が継げなかったが、横にいた岩倉が口を挟んだ。

「私も銀行員時代、諦め時を見誤って頑張り過ぎてしまったために、かえって悲惨なことになってしまった会社や経営者を見てきました。神島先生が言われたことは本当で、余力のあるうちに諦めたほうがいいこともあるのです。経営者の気持ちとしてはなかなか受け入れにくいことでしょうが」

修二は少しだけ考えていたが意を決して言った。

「おっしゃることはごもっともだと思います。ぜひ弊社の状況を調べていただき、再建可能性がありそうか正直に教えてください」


修二は、何冊かのファイルにまとめておいた経営資料を神島に渡した。

神島は社内の様子を見て社員の話も聞きたいと言った。部下の伊藤と連れ立って会社や工場も見て回り、時折社員に質問もしていた。

そして2週間後に再度の打ち合わせがもたれた。

緊張した表情の修二を前に神島は前回と同じような柔和な口調で言った。

「結論から申しますと、御社が再建できる可能性は高いと思います。もちろん御社の商品自体に競争力があるということが、まずなによりの前提です。商品がダメならどうしようもありませんが、御社の場合だと商品自体はいいものを作っており取引先からの評価も高いです。生意気な言い方をお許しいただければ、これなら再建する価値があります。そして再建できる可能性が高いのは、御社には財務面でも業務面でも非常に無駄が多いからです」

無駄が多いから再建できる可能性が高いという話がすぐには理解できず、修二はぽかんとした。神島の話を整理すると、その無駄を省くことで経営効率を向上させやすいということだった。すでにさまざまなリストラ策を講じて、もう削減できる無駄のない企業が経営危機に陥っていたら、これを立て直すのは容易ではない。しかしノノマルの場合、まだ無駄が多いため逆にいえば効率化する余地が大きいということらしい。

ただし、裏を返せばリスケや事業整理、厳しいリストラを実行しなければならないということだった。そして最大の課題はガバナンス改革、つまり社長のワンマン経営を改めさせることであり、いちばんいいのは社長に辞めてもらうことだと神島は言った。

あまりにもあっさり言うので再び修二はだまってしまった。

リストラを実施すれば現在の苦況は乗り切れるかもしれない。しかし社長が代わらなければいずれまた同じような状態になる。バケツに穴が空いていたらいくら水を入れても漏れていくだけだし穴の空いたままの舟では、いくら頑張って漕いだとしても必ず沈んでいくものだ。

その穴が、ノノマルの場合は社長である弘樹だった。

神島の話は理にかなっており反論の余地はない。そしてそれは修二にも分かっていた。

修二は、「分かっていたのに手を打たなかったあなたにも、責任の一端がありますよ」と言われているような気がして、渋い表情になった。


と、そのとき会議室の外からなにやら大きな声が聞こえてきた。

修二は、会議室を出て様子を見に行った。

【ポイント解説】

▼2代目が陥りやすい「売上拡大主義」「新機軸主義」のワナ

2代目、3代目など後継経営者が陥りやすい典型的なワナが、売上拡大主義と新機軸主義です。物語では社長の弘樹のワンマン体質と浪費癖に加えて、このワナに陥ってしまったことがノノマルの危機の要因でした。

2代目経営者は周囲からなにかにつけて先代と比較されます。家族はもちろん社内の古参社員や取引先、金融機関などからも先代と比べてどうなんだ、お手並み拝見といった目で見られがちです。

実際にそんな比較を面と向かってされることはなくても、誰よりも当の本人が周囲からそう見られていることを強く意識するのが普通です。

そのために「先代を超えなければ。先代にはできなかった新しいことをしなければ」という意識が必要以上に強くなり、無謀な拡大路線に突き進んだり成算の低い新事業を始めてしまったりすることがよくあります。

また先代との比較という意識があまりなかったとしても「先代のつくったビジネスモデルはもう古い。自分が新しい時代に合ったビジネスモデルをつくらなければ」という経営者としての意識で新事業に取り組んで失敗することがあります。

ビジネスモデルの転換や新規事業というのは非常に難しいので、そう簡単には成功しません。そこで失敗をしたときに、さっさと損切りして撤退できればいいのですが、ここでも「やっぱり先代と比べて2代目は……」と言われる屈辱を受けたくないがために、撤退が遅れることもよくあります。それによって泥沼に入り込んでしまうのです。

有名な上場企業などでも、そういう後継経営者ならではの失敗の例は、枚挙にいとまがありません。

もちろん後継経営者が時代にマッチした新しいビジネスを始めて成功することもありますし、また売上拡大を目指すことは基本的には悪いわけでもありません。要はそこにきちんとした成算があるのかがポイントです。

▼損益計算書の重要性

売上拡大主義とも関連しますが一般的に中小企業経営者は財務状況（＝貸借対照表）を軽視する傾向があります。物語では弘樹社長が債務超過の意味を知らないという場面がありました。これはさほど極端な例というわけでもなく実際にも債務超過の意味、あるいはそもそもの貸借対照表の読み方や業績・財務・キャッシュフローの関係などを、正しく理解していない経営者は意外と少なくありません。

皆さんは損益計算書における損益の動きと、キャッシュフロー計算書におけるキャッシュの動きにどういう違いがあり、どういう関係があるのか、あるいは損益計算書における損益の変化が貸借対照表にどのような変化をもたらすのかといったことを、簡潔に説明できるでしょうか？　もしできないのであれば経営者としては勉強不足のそしりを受けても仕方ないでしょう。財務を理解したからといってそれが直接的に業績向上につながるわけではありません。しかし財務を理解していなければ中長期的に会社を正しい方向に導き、また危機が生じたときにそれを脱することは難しくなるでしょう。

▼経営危機企業を立て直せるかどうかを見極めるポイントは2つ

すでに経営危機に陥っている企業を立て直せるかどうか、これを見極めるポイントは大きくいうと2つあります。

1つは物語のなかでも語られているように無駄を削減できる余地がどれだけあるかです。いささか逆説的ですが、現状において多くの無駄があり経営効率が悪い会社であればあるほど、その無駄を絞ることで経営を効率化し業績をアップさせられる可能性が高くなります。ただしその前提として商品・サービスやビジネスモデル自体がまだ通用するものであるということは当然です。

もう1つのポイントは、リストラによる立て直しが完了しキャッシュフローがプラスに転じるまでの間にキャッシュがもつかどうかです。これも企業によって一概にはいえませんが、リストラで立て直すとはいっても最低でも半年から1年はかかります。そのため例えば2カ月後にキャッシュが尽きて資金ショートするという状態だとしたら、さすがに再建に取り組むには遅過ぎるという判断にならざるを得ないでしょう。

企業再建を図る際には、まずは正確な資金繰りを把握していつまでキャッシュがもちそうかを理解することと、それまでにリストラがどの程度実行できるのかを想定することがポイントだということです。

▼会社の財務危険度を簡単に測る指標

経営状況の悪化は通常であれば徐々に進行します。深刻な経営危機に陥る前の段階でその予兆をつかめば進行を防止できる可能性もあります。そのときに用いられるのが財務諸表の数値を基に計算する経営指標と呼ばれる数字で、次のようなものがあります。

自己資本比率：貸借対照表の総資産に対する純資産の割合。

売上高営業利益率：損益計算書の売上高に対する営業利益の割合。

総資産利益率（ROA）：貸借対照表の総資産に対する損益計算書の当期純利益の割合。

経営危機が悪化している企業にとって最優先でチェックすべきポイントは、有利子負債（借入額）が過大ではないかどうかです。経営危機に陥っている企業の典型的な財務状況は売上高に対して借入が過大で、その返済によりキャッシュフローが悪化している状況だからです。

それを見るための指標として「有利子負債／EBITDA倍率」を用いることが有効です。EBITDAは聞いたことがない人がいるかもしれませんが、営業利益に減価償却費を足し戻した金額です。営業利益は減価償却費が費用として差し引いて計算されますが、減価償却費は実際のキャッシュの流出は伴わないので、キャッシュ上の収益性を見るためには差し引かないほうがいいのです。そこで損益計算書の営業利益を算出する際に差し引かれている減価償却費を足し戻すことで本当のキャッシュ創出力が分かるようにしたのがEBITDAです。EBITDAで分かる創出されるキャッシュに対して有利子負債（金融機関からの借入）が何倍くらいあるのかを示すのが、有利子負債／EBITDA倍率です。1倍（有利子負債額とEBITDAが同額）であれば、1年で稼ぎ出せるキャッシュと負債額が等しいということです。3倍なら3年分の、5倍なら5年分のキャッシュが、負債額に相当します。

業種業態などによる違いもありますが、一般にこれが10倍を超えていたら、借入が過大であり経営危機の一歩手前、早急になんらかの手を打つべき必要があります。

［第3章］

激化する経営権を巡る骨肉の争い
混乱のなか陣営を整え改革を始動

仕入先からの取引条件変更要請

生産管理部長の石井は電話に向かって大声を上げ必死に何かを訴えていた。周りの社員も騒動をなにごとかと見守っている。

打ち合わせを中断して会議室から出てきた修二は、電話を終えた石井から事情を聞いた。電話の相手はB物産という食品系商社の担当者だった。ノノマルではB物産から飲料の素材や調味料、添加物など数種類の原料を仕入れていた。B物産は複数あるノノマルの仕入先でも最大手であり取引金額も最大だった。

大手であるB物産とノノマルは取引にあたって基本契約書を取り交わしており、その契約は1年ごとに見直し必要に応じて更改するということになっていた。しかし取引を始めた重蔵社長時代の20年前からこれまで、契約は毎年そのまま更新されており、実際に契約内容が見直されたことはなかった。

ところが突然、来月に予定されている今年の契約更新で、B物産への支払い条件を変更してもらいたいという要求があったという。

具体的に以前は仕入から1カ月後に120日期限の約束手形を振り出していたものを、来月の契約更新後は1カ月後の銀行振込にしてほしいといわれたのだ。実質、4カ月の支払いサイト短縮になる。

B物産は最大の仕入先であるため支払い金額も大きい。このサイト短縮により単純にいってB物産への仕入債務は4分の1程度まで減少する。仕入債務の減少はすなわち必要な運転資本の増加を意味し、そのぶん多くのキャッシュを用意しなければならないことになる。ただでさえ資金繰りが厳しくなっていたノノマルにとっては致命傷になりかねない。

修二は表情をこわばらせた。修二についてきた神島はその横で何かを考え込んでだまっている。

B物産は20年来の付き合いで、今まで一度も取引条件の変更を要請されたことはなかった。首をかしげる修二に対し、懇意にしているB物産の担当者が、ここだけの話と言って話してくれた事情を石井が説明した。

それによると、半年ほど前にノノマルを退職した原という社員がB物産に転職し、そこでノノマルは経営が危なく倒産寸前だと上司に吹聴したらしい。B物産が調査会社に依頼したところ実際に財務状況が悪化していることが判明したため、取引条件変更を申し入れてきたというわけだ。

ちょうどそのとき、外出先から戻ってきた弘樹が石井のもとへ行き詳細を聞いた。原の裏切りに近い行為とB物産の突然の要請を知るや否や、怒りに満ちた表情を浮かべた。

そんな様子の弘樹に、落ち着いた様子で話しかけたのは神島だった。修二から資金繰りについての相談を受けていたことを説明しつつ、弘樹に名刺を渡したが、弘樹は受け取った名刺を一瞥して石井のデスクに投げ捨てた。しかし神島はそのことにもまったく動じず、柔和な表情のまま弘樹に事態の収拾について尋ねた。

「代わりの仕入先を見つけ次第B物産は切る。それだけだ」

弘樹はそう吐き捨てたが、すぐさま修二が口をはさんだ。B社より良い条件の会社が仮に見つかるとしても、契約を結んで安定して仕入ができるようになるまで今から数カ月あるいは半年以上かかるかもしれない。その間に増える運転資本をどうするのか。簡単にいえばB物産に早く支払わなければならなくなるため、ざっと見て毎月1000万円程度の出費増になると説明した。

修二はノノマルの資金繰りは頭に叩き込んでいた。銀行が追加融資に応じてくれる可能性はない。B物産への支払い増加分のキャッシュをなんとか手当てしなければ半年……、いや4、5カ月後には資金ショートすると思われ、給料が払えなくなるのだ。修二の説明を聞いて、周りで話に聞き耳を立てていた社員の間にもざわめきが広がった。

再び神島が落ち着いたのんびりしているとも感じられる口調でいった。

「私は社長の味方です。銀行はほんとうに酷いと思いますよ。だから、そんな銀行には金を返さなければいいのです。リスケジューリングと呼ばれるもので、これはもちろん簡単にはできません。交渉が必要です。しかしノノマルは元来素晴らしい商品を作っている会社なのですから、きちんと交渉すればきっと銀行もリスケジューリングに応じてくれます」

このとき初めてリスケという手法があることを知った弘樹は、しばらく黙ったあとに神島への態度を急変させて提案を受け入れると笑顔を見せた。こうして神島は正式にノノマルから再生コンサルティングを依頼されて、契約を結ぶことになった。

リスケ実施のための条件

翌日、ノノマル再建の進め方について修二は神島と打ち合わせていた。神島によると、一般的に企業再建は大きく3段階で進める。最初が経営改善計画策定と銀行へのリスケ要請であり、会社にとって現金は血液のようなもので、なくなれば会社は死んでしまう。そこで、なにはともあれ現金流出を防ぐ止血が必要であり、その最大のポイントがリスケなのだ。

あわせて、できるだけキャッシュを残すために徹底的なリストラによる費用削減と業務見直しによる効率化を実施する。このリストラ実施が第2段階であり、その内容を経営改善計画にも盛り込んで立て直しの道筋を示す必要がある。経営改善計画がしっかり描かれていなければ、銀行がリスケにも応じてくれる可能性は低くなるのだ。

そしてリストラが済んでキャッシュが残せる体質になってから、第3段階の売上拡大フェーズに移行する。ここまで成功すれば、いわゆるV字回復が実現できるということだった。少し古い話だが日産でカルロス・ゴーンがおこなった改革もまったく同じらしい。

修二はだまってうなずいた。それを見て神島は続けた。銀行にリスケを飲ませるポイントは、実現性のある経営再建のプランニングにあるらしい。ろくな経営改善計画もなしに、ただ「リスケをしてください」では銀行もうなずいてくれるわけもない。またリスケの際に経営者には一定の経営責任が問われることもやむを得ず、とくにノノマルの場合はガバナンスに問題があることは明白なため、まずその点は問われるだろうと神島は念押しした。ただし銀行が会社の経営人事にまで直接口を出すことは普通しないものであり、昔と今は時代が違い銀行と企業との関係も変わっているという。このとき「原則的には、ね」という神島が付け加えた一言を、修二はあまり意識することなく聞き流していた。

経営改善計画では、弘樹が使っていたお金や弘樹の独断で進めていた事業や雇った人などが見直しやリストラの対象になる。修二の感触としては、昨日の件で弘樹自身もかなり危機意識をもった様子だったためある程度は応じてくれるだろうと見込んでいた。ただ、弘樹の人間性を考えれば、自分の失敗を認める可能性は低い。

思案している修二に、神島が一つのアイディアを持ちかけた。その内容とは、銀行から「リスケ実施の条件」として事業の見直しやリストラを社長に言ってもらうというものだった。弘樹の立場を考えると、修二から言われればプライドもあって反発するが、これが銀行からだと「それなら仕方ない」と言い訳が立つ。つまり弘樹が言い訳できるような状況をつくってあげて、弘樹のメンツを守ってあげようという作戦だった。

修二は感心した。今まで修二は正しいことを話して弘樹に理解してもらおうとばかり考えていた。しかし弘樹の気持ちにも配慮して、メンツを立ててやるといったことを考えたことはなかった。イソップの『北風と太陽』の寓話ではないが、今まで正論の風ばかりを吹かせていたから弘樹はますますコートを脱ぎにくくなってしまったのかもしれない。

さらに神島は、もし弘樹が経営のあり方を見直さなければ社長の座を降りてもらうことも考えなければならないと話した。そしてその場合は副社長の修二が社長になるしかない。昨日、神島の話を聞いてから修二もその可能性を考えてはいた。

しかしそれはつまり、社長である兄を追い出せということだ。修二の心中を察してか、神島はにわかに言葉に力を込めていった。

「穴が空いたままの舟は沈むしかないのですよ」

神島の言うとおりだった。修二自身、もう後悔をするようなことはやめようと誓ったはずだった。弟だからこそ、私が行動しなければならないこともあるのだと自分に言い聞かせた。

経営改善計画案

神島と修二はノノマルの経営改善計画案の原案を作成した。

その主な内容は支出削減や資産売却などによるキャッシュ創出と資金繰り改善のための施策である。それに加えて、製品ラインナップ見直し、取引先の選別、業務プロセスの改善など中長期的な生産性向上、経営効率向上のための施策も含まれていた。

今のノノマルにとって喫緊の課題はキャッシュ創出と資金繰り改善であることはいうまでもない。それに伴い緊急度を区分した。

▼即時着手するもの（緊急度A）

・全役員報酬30％カット　・従業員賃金一律5％カット

・従業員賞与額の大幅削減　・接待交際費50％以上削減
・顧問7名との契約解除　・中国上海営業所閉鎖
・大阪、福岡の営業所閉鎖　・川口の第二工場閉鎖、売却
・営業所、工場の閉鎖に伴う社員の余剰人員削減　・社用車の廃止
・会社保有のリゾート会員権売却（実際には弘樹に私有化されていた）
・その他、一般管理費の全般的な見直し、削減、など

▼6カ月以内に実行するもの（緊急度B）

・製品アイテムの見直しと絞り込み　・取引先の見直しと取引条件変更依頼
・仕入先の見直しと仕入条件変更依頼

▼中期的に取り組む課題（緊急度C）

・営業、開発、生産、それぞれの業務体制の見直し
・人事制度改革による人材育成　・原価管理システムの導入

経営改善計画の原案は取締役会と社長の承認を得なければならない。先のB物産の件も

あり、弘樹も銀行にリスケを求めるために経営改善計画を策定すること自体は否定していない。

しかしその具体的な内容については紛糾し、取締役会の場で何度も弘樹の怒号や罵声が飛んだ。

なかでも中国上海営業所の閉鎖と川口工場の閉鎖・売却については強い抵抗があった。いずれも弘樹自身の発案により、ノノマル拡大のための足がかりとして鳴り物入りで実施したものだからだ。それを葬られるのは見栄っ張りの弘樹には耐えがたい屈辱であった。

しかし上海営業所については反日デモの機運が当面収まりそうにないことに加えて、北島が私物化して会社の資金で現地妻を囲っているという証拠をつかんだことが決定打になった。神島の部下の伊藤が、上海在住の知り合いを経由して現地の興信所に調べさせたのだ。

伊藤は神島コンサルティングに入る前は、国内最大の企業信用調査会社であるT社で長く働いていた。その時代の人脈で、さまざまな調査業務に強く、普通の興信所では調べることができないような、企業の内部情報も調べることもできる場合もあると神島から聞いたことがある。しかしまさか中国にまで顔が利くとは思わなかったので修二は驚いた。

弘樹が北島を呼び戻して詰問すると、彼はあっさりその事実を認めた。さらに上海市場へのＩＰＯは実現性がほとんどないことも北島自身が認めた。罵声を浴びせるだけでは気が済まず、北島に殴りかかりそうになる弘樹を周囲の者が必死で止めた。当然、北島は即時解雇され、上海営業所は閉鎖が決まった。

一方、川口の工場は現状の工場稼働率では明らかに過剰設備であることを弘樹に説明したが、将来への投資なのだといって譲らない。

そのとき神島が、弘樹の債務保証について触れた。

「社長はあまり意識なさっていないかもしれませんが、理想銀行からの融資のうち10億円程度に社長個人の連帯保証がつけられています。万一、ノノマルが潰れるようなことがあれば社長個人が10億円を返さなければならなくなります。社長のご自宅や個人財産、お父上が遺してくれた野々宮家の資産のすべてが銀行に取り上げられてしまうのです」

弘樹はだまった。

「また法律上、連帯保証債務は当然に相続がされます。つまりもし今、事故などで社長に万一のことがあれば、なんの関係もない社長の奥さまやお子さまが連帯保証債務を受け継ぎ、同じように10億円の負担を背負うのです。今のままではそうなる可能性は高いですよ。それでいいのですか？　川口の工場はたぶん3億円程度で売れます。それを返済に充てれば大きく債務残高を減らせます」

会社の融資への保証債務については、融資実行時に連帯保証人として印鑑を押しているので弘樹ももちろん分かってはいた。しかしそれが経営に関係していない家族にまで相続されるといった話を聞かされたことはなかった。弘樹はそれでもなお躊躇していたが、その次の取締役会では川口工場売却を再建計画に含めることに同意した。

役員報酬の削減や交際費削減については、修二が想像していたほどの抵抗はなかった。おそらく弘樹は、こんな文章をつくったところで実際にはどうにでもなると考えているのだろうと修二は推測した。実際、今までのノノマルはそうだったからだ。

そのほか生産性向上の見込みや資金繰りの計画など、多くの事項をまとめた株式会社ノノマル経営改善計画案を作成した。最終的に取締役会での了承を得てリスケの要請書とともに理想銀行に届けた。

その時点でノノマルの銀行借入の総額は約14億円、そのうち11億円がメインバンクである理想銀行の融資であり、2億円がＡＢＣ銀行、1億円が墨田銀行だった。後者の2行にも同様の書類を渡したが、いずれもリスケを受け入れるかどうかは「メインである理想銀行さんに従う」という態度であった。

リスケ交渉決裂と再交渉

数日後、理想銀行墨田支店の会議室に弘樹、修二、神島、岩倉、そして理想銀行墨田支店の杉浦と本店管理部の三上が集まっていた。

ダークネイビーのスリーピーススーツを着こなし、しっかり七三に分けられた髪でいかにもエリート銀行員といったムードの三上が話の口火を切った。語られた内容は、経営再建案について再考しなければ返済条件変更に応じることはできないというものだった。

弘樹は十分に譲歩したつもりの経営改善計画案が不十分だと言われ、怒りで顔を紅潮させていたが、まったく気にする様子もない杉浦は淡々と資料を配った。それによると現状の経営改善計画案に加えて、次の2点を即時に実行することがリスケの条件だと書かれていた。

①弘樹を代表取締役から解任し取締役ではない会長職とすること
②代表取締役社長を修二にすること

弘樹は一読するや否や立ち上がって、何も言わずにそのまま会議室を出ていってしまった。仕方なく継続して検討するということで、その日は解散となった。

翌日ノノマルで臨時取締役会が開かれ、昨日の会議に参加していない岸や監査役の高橋にあらましが報告された。神島もオブザーバーで参加している。弘樹はまだ怒りが収まらない様子だ。重い空気が満ちた会議室で、監査役で顧問弁護士の高橋が口を開き、銀行側が社長交代を求めてきた理由を神島に尋ねた。

「1つには、いわゆる『経営責任の明確化』ということでしょうね。リスケで銀行も多少なりとも被害を受けるわけですから、けじめをつけてくださいということです。そしておそらくもう1つは、失礼ながら現社長の能力では経営再建ができないと考えているからでしょう。けじめと能力です」

ここまで財務が悪化してしまったということも厳然たる事実だ。彼らは数字しか見ない人種であり、それで判断されるのだと言って、神島は少し微笑んでから続けた。

「そこで社長、今、1つ思いついたことがあります。彼らに社長が立派な経営者であって、社長ならノノマルの再建を実現することが可能だと分からせてやればいいんですよ」

神島のアイディアは、まず急な経営者の交代は無理であるため準備に時間が必要だとか理由をつけて1年間ほどの猶予期間を設けさせるというものだった。うまく話をもっていけば先方も乗ってくる可能性も高く、そしてその1年間で実際に経営が大きく改善されているという数字を作って、それを突きつけてやればいい。彼らは数字しか見ないため、実際に数字が改善されていれば、社長の能力に文句をつける余地はなくなるはずだという考えだった。

そのうえで、けじめをつける意味でも相当大きな金額の役員報酬のカット、交際費の削減などを行う。社長を辞めたくなければ残念だがこれらは避けられないことを念押しした。弘樹は、しぶしぶといった様子で賛成した。

その後、神島と修二は新たな内容を盛り込んだ経営改善計画案を策定した。

それは、前回の内容に加えて、

・経営責任を明確化するために代表取締役の役員報酬を1年にわたって50％削減すること。

・交際費は売上に貢献することが明確でない場合以外、原則として支出しないこと。

・ワンマン経営体制を廃してガバナンスを有効に機能させるため、岩倉を取締役、神島を社外取締役に就任させること。

・代表取締役の交代に1年間の猶予期間を設け、この経営改善計画が着実に進展し、かつ、債務比率をはじめいくつかの財務指標が顕著に好転していない場合は、1年後、速やかに代表取締役は辞任、交代すること。

などを盛り込んだものだった。

理想銀行はそれを了承して翌月から1年間、元本返済猶予に応じてくれることとなった。またＡＢＣ銀行、墨田銀行も理想銀行にならい同内容のリスケに応じてくれた。利息は払わなければならないものの毎月1000万円近かった元本返済が止められたことで、とりあえず資金ショートの危険は遠のいた。

最初の交渉で理想銀行が出してきた2つの条件は、実は修二と神島が考えたものだった。ノノマルを本当に立て直そうとすればそれは欠かせない。しかし修二や神島が提案したところで、それを弘樹が認めるとは到底思えなかった。

そこで彼らはそれをあえて経営改善計画には入れず、銀行からの要望として出してもらうように岩倉の上司であった山口を通じて頼んでいたのだ。また、それでも弘樹が素直に受け入れはしないことも予想していたので、監査役の高橋弁護士とも打ち合わせをして比較的客観的な立場からのアドバイスとして、話してもらうように段取りしていた。

果たしてこれが良かったのかと疑問をぬぐえない修二に対して、神島は中小企業を経営していくとはそういうものだと説いた。経営者はなによりも会社を守り社員とその家族の生活を守らなければならない。そのためには泥にまみれて汚れなければならないときもある。修二がやらなければならないことは立派にノノマルを蘇らせることであり、それが弘樹や父に報いるための一番の方法ではないかと投げ掛けた。神島の言葉に修二も内心そのとおりだと思いつつも、迷わずに同調することができなかった。

【ポイント解説】

▼キャッシュの動きを把握することの重要性

会社を存続させるうえで最も大切なのはキャッシュです。キャッシュさえ続けば、損益計算書上でいくら赤字が続こうが、貸借対照表上で債務超過が増えようが、会社が潰れることはありません。例えばオーナー経営者個人が莫大な資産家で、その個人資産から現金を会社に貸し続けることができれば会社はいつまでも存続できます。しかしそんなケースはまれでしょう。損失が続いている会社でキャッシュだけが豊富にあるという状況は、普通は考えられません。

逆に損益計算書上では利益の数字が出ていても、キャッシュの出入りのタイミングがずれて、従業員の給料や仕入代金などの事業上不可欠な費用が支払えなくなれば経営は行き詰まってしまいます。

その意味で経営者としては利益の動きよりもキャッシュの動きを把握しておくことがはるかに重要です。物語のノノマルのような経営危機に陥ってしまった会社はもちろんですが、そうなる前の少し業績が落ちてきたという段階の会社でも、この点は強く意識しなければなりません。

実際には、ある程度までの企業の規模であれば資金の出入り状況は経営者の頭に入っていて、いわば経営者の〝肌感覚〟で再来月はキャッシュが苦しくなりそうだなどと分かっているでしょう。しかし売上高が5~10億円程度を超える規模になると、それで把握することはほぼ不可能です。キャッシュの動きを予測ししっかりした資金繰り表を作成しなければなりません。

ところがそのくらいの売上規模になっても、資金繰り表を作成していないという会社は意外と多いのです。

資金繰り表は1円単位で正確である必要はありません。あくまでキャッシュの不足が生じないか経営者が分かる範囲の精度であればいいのです。もし今資金繰り表がない会社は、まずざっくりした粗いものでよいので、作成に着手しましょう。

▼きちんと説明すれば、銀行はリスケに応じてくれる

業績悪化が続いたとき資金繰り表を作成していれば、このままだと〇カ月後にはキャッシュが足りなくなりそうだと分かります。キャッシュ不足が見込まれるなら早めにその手当てをしなければなりません。

すぐにキャッシュを増やせる方法は、一般的には銀行からの融資です。しかし融資は利息をつけて返済しなければならないので、借りれば借りるほどあとの返済の負担が大きくなります。また業績が悪化している場合は新規融資を受けられないこともあります。

そんな場合に検討したいのがリスケジューリング、略してリスケです。リスケは返済条件変更ともいいます。一般的には一定期間（1年など）を区切って元本の返済を止めます。場合によっては完全に止めるのではなく、半分だけの返済にしてもらうといったこと

もあり得ます。

　リスケ期間中も利息は払い続けますが利息は通常、元本返済額と比べればはるかに小さい金額なので問題にはなりません。また銀行にとって収益となる利息まで払わないということになると通常は銀行も認めてくれません。

　リスケはあくまで銀行に返済を先延ばしにしてもらう猶予であり、返済しなくてよくなる免除ではありません。いわば時間稼ぎです。

　そのため銀行にリスケを認めてもらうには、その稼いだ時間で経費削減や売上向上などの経営改善を行い、キャッシュを生み出す力を回復しリスケ期間終了後に再び元本の返済ができるようになるという見込みが必要です。どのようにしてキャッシュを生み出す力を回復させるのかを示す計画が経営改善計画というわけです。

　中小企業経営者のなかには、真面目な性格のため、あるいは銀行を必要以上に恐れているため「約束した元本を返さないなんて許されるはずがない」と思い込んでしまっている人がいます。

　しかしそんなことはまったくありません。銀行にしても企業が苦しいときに無理して元本返済を続けさせてそれによって企業が潰れたりしたら、たとえ担保を取っていたとしても元本の回収が危うくなります。それよりも少し返済を延ばすことで業績を回復させて、のちに通常どおりの返済をしてもらえるのならそのほうが合理的です。

またリスケの交渉と聞くとものすごくハードルが高いと感じられる経営者も多いようですが、実際にはまったくそんなことはありません。

きちんと理由を説明しリスケによる経営改善の見通しを示せば、銀行は普通応じてくれることを覚えておきましょう。

［第4章］

原価管理システムの導入、営業スタイルの転換、人事制度の再構築……事業再生に向け施策を実行

ガバナンス改革

ノノマルの経営再建が緒についた。

経営再建は会社のさまざまな層において多岐にわたって実行されるが、最も上位のレベルではノノマルの経営統治体制、すなわちガバナンスが見直された。その内容を一言でいえば、弘樹のワンマン経営体制から集団経営体制への移行である。

人事異動が行われ、第一工場長兼製造部長の荒川と岩倉の両名が新たに取締役に加わった。また神島と伊藤が社外取締役に任命された。

以前の取締役会は弘樹、修二、岸の3人体制だったが品川派の岸は弘樹の腰巾着のような人物だったので実質弘樹が2人いて、あとは修二というようなものだった。これが弘樹の暴走を止められなかった要因の1つだった。

新しい取締役会は弘樹、修二、岸、荒川、岩倉の5人体制になり、加えて神島と伊藤が社外取締役として常時参加することになった。弘樹以外に6人、監査役の高橋を入れれば7人が参加する。

創業家の長男であり、しかも株（株主総会議決権）の70％を保有する弘樹が絶対的な支配者であることには変わりないが、新体制の取締役会は、ある程度弘樹の恣意的な動きを抑制することもできると期待された。

そしてその取締役会で最初に行われたのが、弘樹の代表取締役就任について1年後に見直すことの決議である。これは理想銀行に提出した経営改善計画書において、代表取締役の見直しに1年間の猶予期間を設けられたことを担保するものであった。

弘樹は不満を述べたが、しっかり計画を実行するつもりがあるのなら反対する理由はないはずだと高橋に諫められ、渋々認めた。

さらに取締役会は原則として毎月1回、全員参加で開催されること、あらゆる経営課題をオープンに議論すること、また取締役は必要に応じて、臨時で取締役会開催を提起できることなどが確認された。

社員説明会

経営改善計画の推進にあたり、トップのガバナンス体制を変えることと並んで、あるいはそれ以上に重要なのが、現場の社員たちの理解を得て意識改革をうながし、経営改善へ協力してもらうことである。

今回の経営改善計画は大きな痛みを伴うものであり、社員にもその痛みを共有してもらわなければならない。

社員の協力を得るためには、それらの痛みがやむを得ないものであること、しかし一時的なものであり、必ず復活できることを経営トップが丁寧に説明し、将来のビジョンを示すことが絶対に必要だと修二は弘樹に求めた。しかし弘樹はにべもなく、そんなものは必要ない、社員には命令してやらせればいいだけだと吐き捨てた。ここに至ってもやはり社長は変われないのかと落胆したが、すぐに、まだ始まったばかりだ、諦めるには早すぎると気を取り直した。今までと状況が違うのだから今までのようにはいかないと食い下がる修二に、弘樹は「じゃあ、お前がやれ」と命じた。

3日後に本部社員の全員がフロアに集められ、また工場へはオンラインで動画が配信されるモニターが準備された。全員の前に修二が立ち一礼し、社員説明会が開催された。

冒頭に弘樹が簡単な挨拶を済ませ、その後に修二が立った。今日の苦況を招いたのはひとえに経営陣の責任であることを明言し、頭を深く下げた。そして修二は経営責任明確化のため役員の報酬削減、その他具体的な措置を実施することを説明した。

社員の間には静かなどよめきが起きた。先代の時代も含めてノノマルの歴史上、副社長とはいえ経営陣がこんなふうに社員に頭を下げることなどあり得なかったからだ。

フロアの端からその様子を見ていた弘樹は露骨に顔をしかめた。

続けて、1年間に限って全社員の給与の一律5％カット、賞与の大幅削減、もしくは無支給を実施することが発表され、具体的な処遇内容などについては社員全員との個別面談を実施することが約束された。

さらに大阪、福岡営業所の閉鎖、中国上海営業所の閉鎖、川口工場の閉鎖などが明らかにされた。これは社員の間に大きな動揺をもたらした。特にオンラインで動画を見ていた川口工場の社員からは、驚きの声が上がった。

修二は、まず1年間で危機を脱するために経営陣が努力すると述べたあと、もしそれが実現できなければ、経営者はより厳しく責任を取ると約束した。この1年とは取締役会で決議された猶予期間のことであり、改善が実行されなければ弘樹には社長を退いてもらうということを暗示したものであることは弘樹にも理解できた。

人員整理

翌日からさっそく、修二は社員との面談を進めた。社員は正社員約40人、パート社員約50人だ。ほかの業務もあるので1日に面談できる数は5～6人に限られる。それでも修二はなるべく優先して面談を入れた。

面談では経営改善計画や賃金・賞与のカットについての説明だけにとどまらず、仕事の状況、会社への意見などを率直に話してもらうように求めた。賃金カットなどについては、ほとんどの者が仕方ないことと受け入れた。

しかし一方では会社や弘樹に対しての批判や不満は噴出した。

そして、副社長に社長になってほしいという声も少なからず聞かれた。

多少は予想していたものの、社員が会社や社長に対して不満を募らせていることを目の当たりにして、修二はショックを受けた。

廃止される国内営業所と川口工場は、あわせて正社員7人、パートが10人だった。この人たちの表情は深刻だった。

パートであっても生活をかけて働いているのだから、その処遇を決して軽く考えていけない。

修二は神島からも高橋弁護士からもそう釘を刺されていた。もちろん修二にもパートだからといって軽く見る考えはなかった。製造業の工場ではパートの存在なしでは一日も業務が進まない。大切なメンバーである。

しかしパートの採用はいずれも近所の主婦などを中心として行っている。自転車で通える範囲というのがパート勤務条件になることが多い。そうなると現実的には配置転換も困難であり、辞めてもらうしかない。整理解雇ということになる。

修二は丁寧にお詫びをして、月給の3カ月分の退職金を支給することで、全員に納得してもらった。

また、正社員のなかにも、自分から退職の意向を示す者もいた。全社合計で10人の社員と2人のパートが自主退職した。計12人の自主退職と10人のパートの整理解雇により、計22人の社員・パートが削減できた。

これなら正社員については、なんとか配置転換だけで済み、整理解雇をする必要はなさそうだ。修二はほっと胸をなで下ろした。

一方、北島がクビになって6人に減っていた顧問たちには、全員辞めてもらうことにした。いずれも週に1~2回、半日程度顔を見せるだけで月20~30万円の報酬を支払っていたが、それが売上やコスト削減に貢献しているとは考えられなかったためだ。

顧問たちは、いずれの人物も人当たりが良く、弁も立って話がなかなか面白い。修二でさえ、面白い人だなと感じることがあった。だからこそ裸の王様である弘樹なら、こういう人につけこまれるのも簡単だろうなと思うと不信の念が強くなった。

いずれにしても話が面白いだけで業績に寄与しない人に報酬を支払う余裕が今のノノマルにあるわけない。

弘樹も、以前であれば自分が連れてきた顧問の契約解除を認めることはなかっただろうが、北島事件のあとはさすがに態度が変わった。北島さんのようなことが再び起こらないようにと言って契約解消を認めさせた。

顧問たちとの契約は雇用契約ではなく業務委託契約であったので解消は簡単だった。それだけで月150万円近くの経費削減である。

従業員、顧問を合わせた総人件費の削減は年間5000万円を超える大きな金額となった。

さまざまな経費削減

経営改善計画の管理を担当するためのプロジェクトチーム（PT）が結成された。

経営再建は時間との戦いでもある。経営改善計画書にまとめられた多くの施策をいくつも並行して進めていかなければならない。修二と神島の2人だけではとても担いきれないので、チーム体制がつくられた。

チームは社長直轄の組織とされ、チームリーダーは修二である。修二以外には神島、伊藤、岩倉、荒川、そして経理担当の前田がメンバーとなった。神島は多忙なのでアドバイザー的なポジションとなり、さまざまな実務は主に神島の部下の伊藤が中心で担うことになる。

最初のプロジェクトチームの会議で神島は言った。

会社にとってキャッシュは血液であり、この経営改善計画の眼目はキャッシュの流れを正常化させること。そのためにリスケを実行し、最大の出血を止めてなんとか命脈を保つことができたが、まだまったく不十分であること。そして次は怪我をして出血しているところを徹底的に止血しなければならず、無駄なコストの削減を図る必要があることを強調した。

そして神島はホワイトボードに縦軸、横軸を引き4象限の図を描いた。縦軸はキャッシュ創出効果の大きさを表す。また横軸は実行しやすさ、つまりスピードを表す。限られたリソースのなかで進めなければならないため効果の大きなもの、そしてスピーディに取り組めるものから取り組んでいく必要があると強調した。そして削減対象となるものの概要は基本的に経営改善計画書にひととおりリストアップされているので、再度見直すべき点があれば意見を出してほしいと呼びかけた。

すでに着手されていたのは1年間、代表取締役の役員報酬を50%カット、全役員の役員報酬を30%カットすることだった。

弘樹には以前、月150万円の役員報酬を支払っていたので75万円になる。1年間の50%カットはかなり大きいようにも思える。しかし弘樹にはノノマルの本社ビル（重蔵から相続して弘樹が所有）の賃料も月150万円支払っていた。これは役員としての報酬ではないがやはりリストラの一環ということで引き下げた。一般的に経営危機にある企業が家主に家賃引き下げを求めることはよくある。

ただ150万円という金額は周辺相場から見ても適正な金額であり、大きく減額すれば課税上の問題が生じる恐れがある。そこでこの賃料については1年間10%の減額ということにした。

さらに交際費は売上に貢献すると明確に認められるものだけしか支出しないとした。以前は月に50万~100万円程度使われていた弘樹の交際費は激減し月10万円以下になった。

これにより弘樹が使える個人のお金は相当に減った。弘樹はことあるごとに修二に、ろくにゴルフにも飲みにも行けなくなったと嫌みを言ったが、傍目には暮らしぶりが変わった様子は見られず、週のうち半分は夜の街で飲み歩き、また月に2、3回は平日の昼間にゴルフのプレイにも出かけていた。

無駄なリース機器の解約、雑誌や新聞購読の解約、会社で契約していたスポーツクラブの解約などはすぐに実施できる施策である。個々のものはたいした額ではないが、ちりも積もればそれなりにまとまった金額になる。

キャッシュの創出と工場の不正

修二は伊藤を連れて、第一工場、第二工場、またそれ以外に借りている商品倉庫で実地棚卸を行った。中小企業はどこでも在庫管理に多少の問題はあるが、ここまで雑になっている会社も珍しいと伊藤は漏らした。

修二も同感だった。重蔵社長時代に修二もよく実地棚卸の手伝いにかり出された。しかし、そのときはここまで乱雑でも、在庫が多くもなかった記憶がある。そのことを荒川に指摘すると、弘樹が社長になってからは特に飲料でも食品でも受注拡大のために少量生産のアイテムもどんどん作るようになり、そこに加えて最近始めたサプリメント事業が加わったため、とにかく細かい製品アイテムが増えて正直管理が追いついていないと明かした。

原価管理について伊藤が尋ねると、荒川は黙ってしまった。ノノマルでは、アイテムごとの原価計算をしていなかった。総売上から総原価と引いて粗利を求めるだけの極めて原始的な原価管理しかなされていなかったのである。とりあえず原材料や仕掛かり材料に余剰があるものを確認していくことから始めようと伊藤は言って、ノートにメモしながら段ボールの検品を始めた。

原材料、包装資材、仕掛品、製品などの在庫の現数を把握してから今度は生産管理部に行った。原材料在庫量は工場からの使用量の報告に基づいて生産管理部で集計し、不足を予測してB物産などの原料商社などに月1回まとめて発注していた。

エクセルで作成された発注帳簿と伊藤のメモを付き合わせると、まったく異なる数字となり、帳簿よりも大幅に原材料在庫が多いことが分かった。使用期限のある食品原料であるため、かなりの部分が廃棄しなければならない不良品になっていることが予測された。

またあわせて出荷帳簿と伊藤がメモした製品、仕掛品在庫の差異も大きかった。明らかに工場や倉庫にある在庫実数のほうが多い。伊藤は首をかしげた。

製品在庫は後でもう少し詳しく調査することにして、修二はB物産に代わる代替仕入先の件について生産管理部長の石井に尋ねた。すでにいくつかの候補をピックアップしているものの、種類と量の関係で1社にまとめてというわけにはいかないという。

今までの仕入先はどうやって決めていたのかと伊藤が尋ねると、すべて先代社長の時代からの取引先であり、石井の入社時から変わっていないということだった。それを聞いた伊藤が仕入先は全面的に見直そうと言い出したため、修二も石井も驚いた。

伊藤が示した見直し案は、まず主要な原材料や梱包材などを納入してくれる会社をピックアップし、これまで取引のある会社も含めて相見積もりを取る。そのうえで納入できる品目や単価、最低納入ロットを確認し、ある程度候補が揃った段階で新たな仕入先を検討するというものだった。石井が、何か言いたそうに修二を見たが、修二はだまってうなずいた。

リスケや費用削減が止血なら、資産の売却による現金化は輸血にあたる。

大きなものは川口工場の売却だ。

運良く2カ月ほどで買い手候補が見つかり、土地建物含めて3億6000万円での売却がまとまった。購入時より約1割下がっているがこれは仕方ない。

ほかにも会社で購入していたゴルフ会員権やリゾート会員権、いくらかの有価証券などの本業に関係なく、売れそうな資産はすべて売却した。川口工場を含めて、売却代金の合計は4億円になった。

また国内外3カ所の営業所の閉鎖は、維持費用削減という意味では止血策でもあるが、事務所の保証金などの返済を受けられるという点で多少の輸血効果もあった。

社用車は車が好きな弘樹の趣味でベンツを保有していたが、これももちろん売った。社用で車が必要なときはあるので、その代わりに国産のコンパクトカーをリースすることにした。

川口工場の閉鎖に伴い、敷地内の倉庫に保管されていた原材料や仕掛品、製品などは荒川区に借りている物流倉庫にいったん預け入れることとなった。

その移送が済んでから数日後、修二と伊藤は在庫の確認のため、物流倉庫を訪れた。伊藤は以前、倉庫の在庫を調べたメモと生産管理部の帳簿を突き合わせたときに何か違和感を覚えた。それを確かめる意味もあって確認にきたのだ。川口から移送されたものは、もともとその倉庫で保管していたものとは分けて保管されている。

在庫を確認し、メモを取っていた伊藤がやっぱり変だなと言う。

思ったよりも製品在庫が多いらしい。

そこで伊藤は積まれている段ボールの一角を崩して封を開けて中を調べ始めた。すると段ボールの中の内箱には「不良・廃棄」のハンコが押されているものが見つかった。

続けていくつも調べたが、やはり「不良・廃棄」のハンコが押された中身が出てきた。

修二は携帯電話を取り出し川口工場長の鈴木にすぐにここに来るよう呼び出した。

倉庫にやってきた鈴木は真っ青な顔をしていた。

不良・廃棄のハンコが押された箱の山を指差しながら修二が理由を聞いた。

鈴木はその場で土下座をせんばかりの勢いで謝り始めた。

実は川口工場では新しく始めていたサプリメントの原材料製造などでの歩留まり率が非

常に低かったため、大量の不良が出ていたのだ。それを社長に報告すれば激怒されて自分の責任が問われると思い、報告できずにそのまま川口の倉庫に保管していたと鈴木は白状した。

修二は気分が悪くなる一方だったが、対策は早急に打たねばならない。ゴミの保管に貴重な倉庫代を使うことは許されないため、とにかくすぐに産廃業者に連絡して廃棄処分を進めるように鈴木に指示を出した。

鈴木はノノマルの生え抜きではない。川口工場を建てるときに弘樹が連れてきて工場長に据えた品川派の人間である。だからこそ弘樹を怒らせるようなことを極端に恐れ、保身のために会社に損害を与えても平気だったのかもしれない。しかしいかなる理由があったにせよ、工場長という管理職の立場を利用して不正を働いていたことは看過できない。1週間後に鈴木は依願退職した。懲戒解雇にしなかったのは修二の温情である。

組織改革、業務改革に着手

経営改善ＰＴが発足してから半年以上が経過し、計画は一点を除けば順調に進んでいた。

その一点とは弘樹の交際費だ。最近、弘樹はあまり会社に顔を見せなくなっていた。午後から出社してくればまだいいほうで、なんの連絡もなく丸一日顔を出さない日もある。それでも経理や総務、銀行との話は修二と神島が管理している。工場は荒川がしっかり管理している。また営業部では最近、岩倉が指導を始めた。開発部と生産管理部は伊藤がよく相談に乗っている。

昔からの取引先との付き合いなど、対外的な面だけは弘樹でなければできないこともあったが、その役割も徐々に修二が取って代わりつつあった。

出社しないのは良いとしても、問題は会社に来なくなったぶん、どうも外で遊び歩いているらしいことだった。そのため、まとまった交際費をたびたび会社の口座から引き出すようになっていた。あとで経理の前田のところに交際費と言って領収証が持ち込まれる。経理の前田がそれを受け取らないということは不可能だった。

それが以前の金額に近づきつつあった。

月例の取締役会でそのことを修二が話題に出すと弘樹は「売上に結びつく出費だから問

題ない。だが実際に売上として数字になるには少し時間がかかる」ときまって言った。経営改善が完遂したらまた新しい事業に取り組んで成長を目指さなければならないため、いろいろ人脈を作っているところだと説明するのだが、まるで具体性がない。

本当に売上に結びつくお金であるなら、使うなとはいえない。しかし今のノノマルの状況を考えると、社員の給料をカットしているのに社長が浪費していては示しがつかない。確かに資金繰りは改善傾向にあるものの、それは銀行にリスケをしてもらっているからだ。リスケが見直されたらまたどうなるか分からない。弘樹にしつこく念押しするとしぶしぶ了承するのだが、しかし翌月になれば先月以上に交際費が増えているという状況が繰り返された。

修二にとって弘樹の行動は頭が痛かったが、支出削減策が順調に進み資金繰りが改善しているのは弘樹の言ったとおりだった。

緊急的な施策はほぼ着手し終わったため、経営改善PTではこれまでも少しずつ進めていた組織改革、業務改革などへの取り組みに本格的に着手し始めた。

組織改革、業務改革として、やるべきことは数限りなくある。それを考えるうえで、退職した川口工場長・鈴木の件が、修二の心にはトゲのように刺さっていた。

彼の行動は容認されるものではない。しかしそうせざるを得なかった要因が社内にあることも事実だ。肝心なのはその要因を分析し二度と同様の事態が起こらないような改革を実施することだろう。

——鈴木さんのような人を二度と出さないようにするにはどうすればいいのか？

要因の1つとして弘樹の独裁的な経営体制があったことは確実だ。しかしこれは取締役会改革でガバナンスを効かせることにより少しずつ改善している。弘樹はあまり会社に顔を見せなくなったが、逆にいうと以前のように社内で専制君主として振る舞う機会も減っているということだ。その意味ではこの第一の要因が以前より弱まっていることは間違いない。

そしてもう1つの要因にノノマルの社内の風通しの悪さがあると修二は考えていた。

100人程度の小さな組織なのに、部門間の対立感情が強かった。常に反目して互いにあら探しのようなことばかりしている。そして何かうまくいかないことや失敗があれば、その責任を互いになすりつけ合う。

そんな状況では、責任ある管理者の立場になればなるほど、自分のミスをオープンにできず隠さざるを得ないだろう。

最近、組織運営において「心理的安全性」という考え方が重視されていることを修二も知っていた。ノノマルでは心理的安全性が低い。それは、弘樹の、あるいは重蔵にもあった独裁的な経営支配体制に起因しているのであろうが、そこから社員あるいは部門がそれぞれの自己保身ばかりを極端に求めようとする姿勢が強くなり、いわば悪い組織文化として、現場に定着してしまっている。

このままでは、たとえキャッシュが回るようになっても沈滞した組織のままだ。

――この悪しき文化を変えなければならない。

その変革は財務諸表にこそ表れないが、重要で不可欠なノノマルの経営改善の要素であると修二は信じていた。

修二は神島とも相談しながら組織改革施策を、①各部門で業務の自主性を高めて指示待ち姿勢を脱する、②部門間の壁を取り払い、セクショナリズムを抑制し、全体最適を目指した行動が取れるようにする、という2段階で実施することとした。

重蔵時代からのワンマン的な経営支配の裏返しとして、ノノマルの社員には命じられるまでは何もしない〝指示待ち〟の体質が根付いていた。経営環境に変化のない時期なら、それでもいいかもしれない。しかし今は変化の激しい時代、ましてノノマルは経営を変革し生まれ変わることを目指している。そんなときに全員が指示待ちではとても変革など望めない。

修二はまずすべての部署――開発、生産管理、製造（工場）、営業、経営管理――に事業改善プロジェクトチーム（PT）をつくらせた。

そしてそのPTで「ノノマル全体のためになる日常業務改善」をテーマにした改善プランを考案させることとした。

PTメンバーは、現場の社員が感じている問題点や課題をヒアリングしていく、毎週

1、2回PT会議を開き、ヒアリング結果をPT内で議論し、改善のためのアクションプランを考える。

PT内での議論では、神島や伊藤、岩倉がファシリテーターとなった。しかしあくまで議論をまとめ、アクションプランを策定するのは現場の社員たちである。そのプロセス自体が、指示待ち姿勢の変革につながるものであり、またそうでなければ組織の文化として根付かない。

セクショナリズム打破を図る

各部署のPTでまとめられた業務改善プランは、全部署のPTが集まって開催される全体の業務改善会議に持ち寄られた。しかし最初の頃の業務改善会議は散々なものだった。

「いや、営業部でそんなふうに動かれたら生産管理部は対応できない」

「製造部でこのような施策ができないのは生産管理部の仕入体制のせいです」

「そんなことを言われても、開発部では対応できません」

など……。

それぞれの部署が自部署の利益や既存のやり方ばかりを主張して、対立がむしろ深まるかのようにも思えた。

そのたびに修二は、それはノノマル全体の利益になるのか、それは客にとってのメリットがあるのかなど全体最適、顧客利益などの原則論を確認した。

そうした会議を何度も重ねているうちに会議に参加している社員たちは、自ずとこれは会社全体にとって良いことだろうか、顧客にとってメリットがあるだろうかといった視点で考えることが習慣化されてきた。

例えば製造部から営業部の業務改善について意見が出るのではなど、他部署への提案や連携を積極的に求める声も出るようになった。

やがて自然発生的に、営業部、生産管理部、製造部が参加する生産連絡会議が組成された。これは生産数量、生産スケジュール、納期などを3部署で密接に連絡して調整するための連絡会議である。この会議が設けられてからは、過剰受注や短過ぎる納期による残業、稼働状況の未把握による失注や納期遅れ、あるいは在庫過多、過剰生産といったトラブルが大いに改善された。

社員の意識のうえで、部署の壁が以前より低くなったと感じられるようになった段階で、神島の提案により部署間の人材異動制度を導入した。

まずは、主に課長、係長といった管理職クラスの人材を部署をまたいで異動させたのだ。例えば営業課長を生産管理課長にして、生産管理課長を営業課長にする。必ずしも交換でなくてもいい。

多様な部署を経験した管理職が増えることで、他部署への理解が深まり、コミュニケーションが円滑になっただけではなく、各部署の業務の質も改善されていった。

例えば営業部員が顧客先で提案をするにしても、開発の現場、製造の現場を知っているのといないのとでは提案内容の具体性はまったく違う。あるいは、新製品を開発するときに営業部員として顧客からの声を数多く聞いたことがあるのとないのとでは開発ニーズに対するとらえ方もまったく違ってくる。

営業と呼べない営業からの脱却

経営改善PTのメンバーは、各部署の具体的な業務改善もサポートした。

まず営業部である。

東京本社に戻って以降、修二はノノマルの営業部には大きな問題があると感じていた。営業部からはノノマル全体の悪弊でもあった指示待ち姿勢が最も強く感じられたのだ。それはノノマルのビジネスモデルが、下請け生産であることも関連しているだろう。発注先からの指示を待ち、その指示どおりの内容や納期、数量で生産することが業務の大前提だからだ。

顧客からの注文をただそのまま生産管理部に取り次げば自分の仕事はおしまい、あとはたまに納期遅れや不良などのトラブルが発生したときにペコペコ謝るのが自分の仕事だ、そんなふうに考えている営業部社員がほとんどだった。

そのためたまにやる気のある営業社員が入社してきて、それ以上の仕事をしたとしてもまったく部内でも上長からも評価されない。それどころか同僚の営業部員からは余計な仕事を増やすなといった目で見られる。やる気のある営業社員ほど、すぐに辞めてしまった。

修二自身は営業の仕事を一度もしたことがなかったため、銀行で外回り営業の仕事を長く経験していた岩倉を営業業務改善担当に任命した。

大手銀行での営業業務を経験してきた岩倉からすると、ノノマルの営業はそもそも営業と呼べるレベルにすら達していないと感じられた。岩倉は常日頃から、開発部などと協働しながら客にこちらから提案する企画提案型営業、ソリューション営業を目指すべきだと熱っぽく語っていた。しかし現状はそれ以前の基本ができていない状態で、営業日報すらつけられていない。これでは担当者が突然辞めたら引き継ぎすらろくにできない状況だ。企画提案型営業が大学レベルだとしたら、今のノノマルはまさに小学生レベルといっても過言ではなかった。

そうした岩倉の話を聞きながら、修二は思い出したことがあった。弘樹が社長になった直後に営業部の社員が突然退職し、引き継ぎができていなかったため発注が途中で消滅してしまい、取引先をカンカンに怒らせたことがあったのだ。あのときは事業承継直後で社内がバタバタしていたことが原因で生じたトラブルかと思っていたが岩倉の話を聞いて合点がいった。

そして翌週から、毎朝の営業部会議が始まった。ところが、岩倉以外ほとんど誰も自分から発言しない。指示待ち体質が染みついているので自分から積極的に話すということすらできないのだった。冗談のようだが、営業部の業務改善の第一目標は自分から会話ができるようにすることだった。

また、グループウェアを導入して毎日の業務日報を書く、顧客からの引き合い、受注、営業の進捗状況を記録し、それを全社員が共有できるようにする、過去に取引があったすべての取引先を洗いだして、時間軸に沿って発注状況をまとめ、最近発注が途絶えた取引先に連絡・訪問をする、といった普通の会社ならどこでもやっているような基本的な業務を、少しずつ実践させていった。

それまでは一日の大半を会社で過ごしていた営業社員が、逆に一日のほとんどを外回りに費やすようになった。岩倉自身も時間の許す限り社員の取引先への訪問に同行し、どのように顧客と話し、ニーズを引き出せば良いのかといった営業トークの実地教育を行った。同行できる件数は限られるため、残りは日報を確認してどんな話をしたのか、相手が求めているものは何か、それに対してどんな提案をしたのかといった点を一人ひとりに確認していった。

地道なＯＪＴを半年ほども続けていくと、新しい取引先を見つけてくること、取引先に喜んでもらえること、またそれにより売上という数字で成果が現れることなど営業の仕事の面白さが社員にも分かるようになり、営業部の雰囲気は驚くほど変わっていった。とはいえ、そこでようやく営業と呼べるレベルに達したという程度である。

１００社近いノノマルの取引先のなかには明らかに不採算だと思われる取引先があり、それをどうするかも課題だった。

特定の取引先に特化したＯＥＭ製品は他社への流用ができないものもある。そのような取引先は発注数が減ると採算割れになりやすかった。

ところが、ノノマルでは品目ごとや取引先ごとの正確な原価管理をしていなかったため、あくまで概算での見積もりしかできない。

より効率的な営業管理をしたり企画提案型の営業をしたりするためには、取引先ごと、アイテムごとの採算率管理が必要である。そのためには製造業ならではの生産管理システムと結びついた原価管理、採算管理システムが必要だと岩倉は感じていた。

それでも岩倉は、過去の販売資料データと生産データを調べて、明らかに不採算先と思われる取引先をピックアップしてリスト化していった。

仕入先、仕入条件の見直しと工場改革

生産管理部では、以前からの課題であった仕入先と仕入価格の見直しを本格的に進めた。

現在のノノマルの仕入先は、ほとんどが重蔵時代からの付き合いだが、価格などの取引条件の見直しを要請したことは、修二の記憶では一度もなかった。

実際に、既存仕入先に対して値下げ要請をしたところ、不快感を示し、取引停止を申し

出てくるところもあった。しかしそれはやむを得ないと修二は考えた。ノノマルは見栄や外聞を気にしていい格好ができるような状況ではない。笑われようとも実を取っていかなければならないのだ。

一方、かねてより石井に命じていた新規の仕入先の開拓も進んだ。多くの会社で扱いのあるような原料については既存仕入先や新規含めて相見積もりを取り、最も条件の良いところから仕入れることにした。

結果として、取引中止になった既存仕入先もあったが、値下げ要請に応じてくれたところもあり、また2社の新規仕入先が開拓できた。

さらに発注頻度も変えた。以前は月に1回の発注だったのを生産連絡会議の情報を活用することで、2週間に1回へと短縮し発注品目や数量をより細かく指定することができた。

これらの仕入先や価格の見直しと、発注頻度の短期化、精緻化だけで仕入コストはざっと5％ほど圧縮される見込みだった。これを製造原価にすると約2％の削減となる。逆にいえば売価がそのままで、粗利益率が2ポイントも向上する。大きな成果だった。

生産管理、原価管理システムの導入を検討

工場や倉庫など、製造現場の改善は、主に伊藤が担当した。

原材料や仕掛品、完成品など種別、アイテムごとにアドレスを割り振って格納したり、段取替えの手順を標準化して、常に業務を最短時間でできるようにするといったごく基本的なことすらできていなかったのだ。

これらに対して伊藤の発案により製造部の社員、パートを集め、「5S（整理・整頓・清掃・清潔・しつけ）」のテキストを使った勉強会を実施することとした。

朝夕の掃除に始まり、原材料や仕掛品、治具などの置き場を決める、使い終えた治具は必ず元の場所に戻すこと、段取替えの効率的な準備や、段取替えを考慮した生産計画の設計などにも取り組んだ。

ただ根本的な問題となっていたのは、過剰とも思える多品種少量生産を総合的に管理する生産管理システムがないことだった。

ノノマルの取引先は食品メーカー、飲料メーカー、サプリメントメーカーなど約100

社である。また少ないところは1品目、多いところでは10数品目の発注を受けており生産品目数は500を超えていた。1回限りの少量生産品などは、不採算になっているものも多いはずだが、その正確な実態は把握されていなかった。生産管理システムがなく取引先と生産品目をエクセルのシートだけで管理していたので、個別品目の原価管理や採算管理は不可能だった。

もともと重蔵時代にノノマルが順調に成長できたのは「どんな注文にも笑顔で応える、小回りの利く対応」を掲げ、それを徹底的に実践してきたことによる。例えば、短納期の発注、急な大量発注、小ロットの発注、高コストが見込まれる発注などに対して無理をしてでも対応してきた。

一言でいえば多品種少量生産で、かつ高度なQCD（品質、価格、納期）対応を実現する、これがノノマルの社是であった。そしてこれは高度経済成長期から続いている日本の中小企業の多くが理想として目指してきた共通の姿でもあった。

それが日本のものづくりを支えてきた面も大きかったが、その反面で、低賃金での過重な労働や生産性が低い非効率な生産が続けられてきたことも事実だろう。

ノノマルにおいてもそれは同様だった。

ノノマルではよほどのことがない限り取引先からの発注引き合いを断ることはなかった。それは「どんな注文にも笑顔で応える小回りの利く対応」に反することだったからだ。また受注をすれば売上は増加する。重蔵にとっても弘樹にとっても、売上は唯一の経営指標であったため売上拡大＝善であった。そこに、発注を断るという発想が出ようがない。

その結果が、現在の過剰な生産品目数と多数の不採算品目の存在となっていた。

ノノマルのビジネスの根幹である製造部門において「何をどれだけ作るのか」を見直さなければ、根本的な経営改善はできない。ただそこには2つの障壁があった。

1つは、現在のエクセルによる管理で個別取引先、個別品目の生産管理、原価管理を行うのは物理的な限界があることだ。本格的な生産管理体制の改善とセットになった原価管理システムの導入が必須になる。それにはおそらく数千万円単位のシステム投資が必要だろう。経営再建中のノノマルには過大な投資だとも思える。

そしてもう1つの障壁は、重蔵時代から続き弘樹にも受け継がれている「どんな注文にも笑顔で応える小回りの利く対応」と「売上拡大＝善」というノノマルの経営思想の根幹を見直さなければならないということだった。

どちらも、その時点では、乗り越えるには高い障壁だと修二には感じられた。

頓挫した人事制度改革

経営改善計画実施から1年近くが経っていた。リスケと支出削減、資産売却が奏功し、資金繰り改善は計画当初の予定よりも順調に進んでいた。

月次の試算表の損益を見ると、売上は微減での推移である。だが、それ以上に経費削減の効果が大きく、以前の多額の営業赤字から損益トントン近くの赤字までもち直していた。経営改善の効果は着実に上がっている。社員に約束した1年間5％の給与削減も約束どおり1年間だけで済ますことができる見通しだ。また前回は不支給になった賞与も、次回は多少なりとも支給できそうだった。

売上が減少した理由の1つは不採算先との取引を見直したためである。岩倉は販売データと生産データから、概算ながら不採算先のリストを作成してくれていた。そこには10社が掲載されていた。ほとんどが単品あるいは少種類のＯＥＭ製品を納入していた先だ。

修二はその10社に対して納品価格の引き上げ交渉を行った。その結果3社は価格引き上げに応じてくれたものの7社は取引中止となった。売上が減少していたのはその影響が大きい。

しかし修二は約1年間にわたって続けてきた経営改善を通じて、これからのノノマルは売上拡大を最優先にすべきではないという結論に達していた。そして、しっかりと利益が残り、キャッシュが回り、社員がやりがいをもって幸せに働ける職場にすべきだと。

実際、コスト削減だけではなくさまざまな組織改革、業務改革の取り組みを進めたおかげでノノマルの社内は明らかに以前よりも明るくなり活性化していた。

そんな折に経営改善ＰＴ会議で神島からの発案があった。給与をそろそろ元の水準に戻すことになるため、それに合わせて人事評価制度の導入を検討しようというものだった。

それまで、ノノマルにはシステム化された人事制度はいっさい存在していなかった。人材の採用、昇給、昇格、異動など、すべてが社長の気分と好悪によって決められていた。

社長に気に入られれば昇給し、そうでなければどんなに成果を上げても昇給することはなかった。

そのため仕事で成果を上げることより、社長に気に入られるようにすることが大切だという雰囲気が蔓延した。かつての品川派や7人のサムライが、そういった風潮に拍車をかけた。これでは有能な社員ほどやる気をなくす。

修二たちはこれを根底的に変えることを目指し人事評価制度プランの策定に着手した。

まず各部署において役職ごと、一般社員は勤務年数ごとに業務遂行に必要とされるスキルおよび行動規範を明文化して定める。

そのスキルと行動規範は修二をはじめ経営層が一方的に定めるのではなく、各部署の業務改善PTで現場の声を拾って洗いだしてもらい、全体の業務改善会議での討議を経て策定した。それを全部署の全役職について行うので、策定だけで1カ月以上の時間とかなりの手間がかかった。

そのうえで、全社員に半期（半年）の期首にその半期の目標を設定してもらうこととする。目標は必ずしも売上といった数値目標だけではない、求められるスキルの習得なども設定目標になる。そして半期末に期首に設定した目標の達成度が評価される。スキルの習得評価は定性的なものとなるため、なるべく客観性を保つために本人評価、上司評価、会社評価という3つの立場からの評価を総合する。昇給や昇格はその評価の点数に基づいて行われる。

またその期に達成できた部分とできなかった部分を踏まえたうえで次の期の成長目標を設定する。これを半年ごとに繰り返すという制度だ。

もちろん昇給額や役職はテーブルを用意してモデルコースを作成し、各自の希望と努力に応じてキャリアプランを描けるようにする。

一方、工場のパート社員については製造ラインにおいて求められるスキルをマニュアル化し、低レベルから高レベルまで10段階に体系化した。そして習得レベルに応じて時給をアップするとともに、一般パート、マスターパート、主任パートなどのパート内での役職を設定し昇格を行った。さらに主任パートになった者は、本人の希望に応じて正社員へ登用するキャリアパスも用意することとした。

全体の業務改善会議でこの人事評価制度プランを提示して、各部署の代表者の意見を求めたところ大好評であった。特に若い世代は目を輝かせて、ぜひ導入してくださいと言った。

しかし導入直前にストップがかかる。弘樹が大反対したためだ。

【ポイント解説】

▼キャッシュ創出

融資や出資を別とすればキャッシュを増やす方法は「支出を減らす」か「収入を増やす」かの2種類しかありません。

このうちどんな企業でも着手しやすくまた施策の効果がすぐに出るのが、支出を減らす方法です。「リスケを検討しなければならないような企業で、大きく減らせるような支出の無駄があるのだろうか」と思われるかもしれませんが、実のところ無駄だらけのような会社が多いのです。

例えば経営者や役員の給与なら、すぐに減らすことができるでしょう。あるいは原材料や商品の仕入量を減らしたり仕入先を変えたりして、在庫の量と金額を減らす。定期購読、サブスクリプションなどで必要性の低いものは解約するなどです。手を付けやすいものからスピーディに実施することがポイントです。

人件費の見直し（昇給、賞与の停止や賃金カット）という方法もありますが、これは従業員のモチベーションや士気を大きく引き下げますので実施には慎重な判断が必要です。また労働契約の不利益変更には、個別的同意など法律で定められた手続きも必要です。

▼人員整理には慎重な対応が求められるが、必要があれば粛々と実施する

さらに究極的な方法が、狭い意味でのリストラと同義にも使われる人員整理、つまり解雇です。

ご存じのように、労働者の解雇については労働基準法などの労働関連法で厳しい制限が設

けられており簡単には実施できません。ただし絶対にできないというわけではありません。

従業員本人の問題ではなく経営不振や事業廃止など会社側の事情により、人員削減のための解雇をしなければならないこともあります。これを整理解雇といいます。整理解雇に際しては、整理解雇の４要件といわれる要件が過去の判例から確立されています（法令上の規定ではありません）。その４要件とは、①人員整理の必要性、②解雇回避努力義務の履行、③被解雇者選定の合理性、④解雇手続きの妥当性です。

これらを満たしていれば整理解雇が認められる場合もあります（事情の個別性が高いので形式的に要件を満たせば必ず認められるというわけではありません）。

いずれにしても解雇された従業員とその家族には生活に大きな支障が出ます。雇用をした会社の責任として安易な解雇は避けなければならないことはいうまでもありません。また整理解雇をすれば残った従業員の士気も下がります。

しかし経営破綻となればより多くの悪影響が出ることも事実です。経営破綻という最悪の事態を防ぐためにどうしても整理解雇が必要であれば非情に徹して、それを粛々と実行することも経営者の務めだといえます。

▼損切りを実施するには、管理会計による財務情報の裏付けも必要

やや大がかりですが営業所や支店、店舗、工場などのうち、採算性が悪いところを閉鎖することも支出削減につながります。この場合その不動産が賃貸ではなく自社所有のものであれば、売却対価によるキャッシュ創出にもつながります。

また盲点になりがちなのは商品アイテムや取引先の見直しです。多くの商品アイテムを扱っていたり多くの取引先をもっていたりしている会社では、それらのなかに作れば作るほど赤字、売れば売るほど赤字となる、不採算商品や不採算取引先が混ざっていることがあります。そういった商品や取引先を見直すことも有効です。

ただし営業所や店舗、工場、あるいは商品や取引先などは、多かれ少なかれ先行投資をしているはずです。それらを切り捨てることはいわゆる損切りであり、過去の判断の失敗が明確になります。また売上も減少するでしょう。そのため失敗を認めたくない、また売上を減らしたくないという気持ちが強い経営者には心理的な抵抗が強く、ワンマン経営者

だと後回しにしがちですが、それは良くありません。

また個別の営業所や商品、取引先などがそもそも不採算であるかどうかが分からないということもあり得ます。部門別の会計や部門別の原価計算をしていなければ分からないからです。こういった管理会計を日頃から行っておくこともポイントです。

▼サンクコスト（埋没費用）に左右されない

キャッシュ収入を増やす施策には大きく分けて資産の売却と売上の増加があります。手をつけやすいのは資産の売却です。資産は工場などの事業用不動産、投資用不動産、投資用有価証券、ゴルフ会員権などさまざまなものがあります。これらを売却するときのポイントは損切りを恐れないということです。一度支払ってしまった投資金額には、その資産を売ろうが売るまいが回収できないコスト（費用、手間、時間など）が発生しています。これを「サンクコスト（埋没費用）」といいます。サンクコストはいずれにしても回収できないので、意思決定には影響を与えるべきではありません。

▼売上を増やす施策は難しい

キャッシュ収入を増やすもう1つの方法は売上を増やすことですが、これは最も難しい方法です。そもそも、「何をすれば売上が増える」かが分からないから経営危機に陥っているのであり、それが明確なら経営危機やキャッシュ不足になっていないはずだからです。

そこで売上の増加は具体的な施策というより結果としての目標になります。

［第5章］

同族経営の争いに終止符を打つ勝負の一手「株式の集中」で企業再生を加速させる

泥沼化する同族経営の争い

弘樹は相変わらず会社には顔を出さない日も多かったが、月例の取締役会には出席していた。

その席上で人事制度プランが検討課題として出されると弘樹は猛反対した。

取締役会改革により、以前のような恣意的な経営ができなくなったことに加えて、経営改善計画の主導権を修二とＰＴに奪われて社内の人心の求心力が修二にあることは、弘樹の目から見ても明らかだった。

そのうえで自分の人事権まで奪われかねないような制度は絶対に導入できない、そんなことをしたら会社が修二に乗っ取られてしまうと弘樹は不安を募らせたのだ。

「会社の金を誰にいくら与えるか、誰を幹部にするかは、社長が決めることに決まっているだろ。今はリスケをしている非常時だから銀行の顔も立ててお前たちに任せているが、それは本来のノノマルの姿じゃない」

弘樹は怒鳴った。

「これ以上お前の好きにはさせない。経営改善PTも解散だ。神島さんとの契約も解除する。以上だ」

それだけ言うと弘樹は会議室から出ていってしまった。

その後数日経っても経営改善PTの解散や神島との契約解除について、弘樹から具体的な指示はなかった。結局その場の激情で叫んだだけかと思っていたが、ある日の午後、修二は社長室に呼び出された。いよいよその命令がされるのかと緊張して出向いた社長室には、弘樹と並んで知らない男が座っていた。

立ち上がった男から差し出された名刺には、株式会社Xという会社名と代表取締役　吉岡秀一という名前が印刷されていた。

この吉岡という男はM商事で海外とのエネルギービジネスをしていたエリートで、今は起業して自分で会社を経営しているらしい。弘樹は吉岡と組んでノノマルで新しい事業を始めようと考えているらしく、ノノマルと吉岡の会社から半分ずつ出資して新しい会社を起ち上げることにしたと一方的に切りだしてきた。

さすがに修二は唖然とした。今、ノノマルはそんな状況ではない。事業内容はバイオマス発電所の建設を検討しているらしい。バイオマス発電がノノマルの事業とどう関係があるのかと修二が問うと、既存事業との関係はないと弘樹は答えた。

取締役会の判断がいることを告げると、横から吉岡が口をはさんだ。

「野々宮社長は御社の大株主ですよね。会社の資金をどこに出資するのかを株主であり、社長である野々宮さんが決めるのは当然であって、取締役会が口を挟むような問題ではない」

吉岡の口調はソフトだが、目の奥にはギラリとした鋭さがあった。修二は憮然として社長室を出た。修二はその足で神島に相談し、吉岡という男を調べてもらうように依頼した。

1週間ほどして神島と伊藤が連れ立ってノノマルに訪れた。吉岡の正体は、一言で言えば反社のフロント企業だった。吉岡自身は暴力団の構成員ではないが、怪しい勢力といろいろつながりがあり、元M商事というのは本当だが何かトラブルを起こして辞めたようだ。過去には詐欺容疑での逮捕歴がある。名は田中というが、逮捕された後に結婚して配偶者の姓の吉岡を名乗っていることまで分かった。

修二は吉岡の目の奥に隠された鋭さを思いだしていた。神島は静かにそろそろ覚悟を決めるときだと修二に諭した。折しもリスケ開始から1年が経とうとしていた。

2週間後、理想銀行墨田支店の会議室に1年前と同じメンバー——弘樹、修二、神島、岩倉、理想銀行墨田支店の杉浦と本店管理部の三上——が集まっていた。経営改善計画の実施状況、1年間の詳細な業績・財務の推移、現在の資金繰り状況と今後の見通しなど30ページ以上に及ぶ詳細なノノマル経営改善計画実施状況の資料は事前に送付してある。

「資料を拝見させていただきました。着実に経営改善の成果を上げられており、素晴らしいと思います」

三上はそういって頭を下げ、隣の杉浦もならった。

修二は話を切りだした。

「しかしまだまだ債務超過でもあり、業績も黒字の定着には至っていません。御行にはいろいろご迷惑をおかけしますが、どうかあと1年間リスケの延長をお願いしたいと思います」

今度はノノマル側の一同が頭を下げた。

三上は、リスケ延長について問題なく対応できると答えると、冷静な表情のまま条件を一つだけ出した。それは、1年前に猶予された弘樹の退任を実行することだった。一瞬言葉を失った弘樹だったが、すぐに気を取り戻し「あんたたちが求めてきた結果の数字はきちんと出しているだろう」と反論した。

三上は表情を変えずに反論を制した。

「会社全体としてはそうです。しかし交際費、使途不明金の金額が以前の7割程度にしか減っていません。他の費用は軒並み削減されているなかでここだけが突出しています。これは社長がお使いになったのではないですか?」

弘樹は黙った。三上の指摘どおり、交際費は売上に直接貢献するものしか認めないという経営改善計画に盛り込まれた文言に明らかに反していたのだ。さらに三上は、ノノマルが送ったものではない別の資料に目を落とした。

「株式会社Xの吉岡さんと新事業を始めるそうですね。この吉岡さんという方は反社につながりのある人物です。反社組織の構成員ではありませんが。野々宮社長はご存じでしたか?　いずれにしても当行ではコンプライアンス上、反社に関わりのある人物が経営陣にいる企業には絶対に融資はしません。もし野々宮社長が即時に退任なさらないのであれば、当行としてはすべての融資の一括返済を求め、御社とのお取引を停止することになります。銀行は数字だけを見ているわけではないんですよ」

さすがの弘樹も言葉が出ず、顔は青ざめていた。

「本当はこの場で決めていただきたいところですが3日間だけお待ちします。御社でよくお考えのうえ、どうなさるか決めてください」

そう言うと三上はもう話すことはないとばかりに一礼して立ち上がった。

弘樹の代表取締役辞任と、株式売却

ノノマルの社長室で、修二は完全に弱り切った弘樹と向き合っていた。こんな弘樹を修二は見た記憶はほとんどなく、むしろいつものように怒鳴ってほしいとすら思った。

弘樹を取り巻くカネの問題について、自身が明かした内容は散々なものだった。

1年前から弘樹が自由に使えるお金は半分以下になっていた。使えるお金が少なくなると遊び仲間もなんとなく弘樹を避けるようになる。また以前はよく一緒に飲み歩いていた品川派や7人のサムライたちも、会社から追い出されると弘樹には近づかなくなった。

「カネの切れ目が縁の切れ目というわけだ」

弘樹は自嘲的に笑った。

会社では修二たちが経営改善で主導権を握り、自分の思うようにいかない。自分主導で経営立て直しを図りたいのだが、どうすればいいかも分からない。そんなストレスを発散させるため、弘樹は以前よりも派手に遊ぶようになっていた。といっても使えるお金は減っている。最初はカードローン、次にいわゆる街金融に手を出すようになっていった。とはいえ、それはせいぜい数百万円なので弘樹にとってはたいした金額ではない。

そうこうするうちにクラブのホステスと男女の仲になった。そして女性に子どもができた。弘樹は妻に離婚したいと申し出た。修羅場となったが、自宅不動産に加えて1億円の慰謝料を支払うということで調停が成立した。

いずれにしても自宅には帰れないので今はマンションを借りて、元ホステスの女性と暮らしているという。

修二はそういった弘樹の私生活の変化はまったく聞かされていなかったので驚いたが、

知っていたところでどうすることもできなかっただろう。

夜の街での遊びや新居の用意、慰謝料の準備などで、弘樹の借金は４０００万円に膨れ上がっていた。自宅不動産は離婚した妻のものになった。会社の本社ビルは弘樹の所有物だが、こちらは会社の融資を受ける際に理想銀行の抵当権がついているので自由に処分できるものではない。カードローンや街金融へは毎月返済しているものの利息が高いのでなかなか減らない。

困っているときに街金融の人間から「大きな儲け話がある」と言って紹介されたのが吉岡だったというわけだ。

弘樹は吉岡が得体の知れない人物だとは思ったが、反社につながるような人間だとは知らなかったという。

吉岡は着手金みたいなものだと言いながら、バイオマスの合弁会社設立の見返りとして弘樹に３００万円を現金で渡したという。

弘樹の借金は利息も入れると５０００万円弱だった。さらに言えば、修二にも２０００万円を借りていた。修二はしばらく考え込んだうえで、吉岡とはもう二度と会わないことを厳命し、今後の対応は高橋弁護士に任せて吉岡に300万円も返すと弘樹に伝えた。

そして理想銀行にあそこまで言われた以上、社長を退任してもらうことは避けられない。ノノマルを潰すわけにはいかないと告げると、弘樹は意外な反論をしてきた。

「俺はノノマル株の70%を持っている。お前たち取締役全員をクビにすることもできるし、M&Aでノノマルをどこかに売ることもできるんだぞ。確かにお前は社員や役員連中からの信望は俺より厚いだろう。だが結局、会社は株主のものだ」

前の弘樹は、株主にどんな権利があるのかといったことは、まったく知らなかったはずだ。おおかた、吉岡に吹き込まれたのだろう。しかし、そのことについては修二はこれまでにずっと考え続けており結論もすでに出していた。

「もし社長を退任していただけないのなら、私はノノマルを辞めて新会社を作ります。そしてノノマルと同じビジネスを始めます。私が声を掛ければ多くの社員はついてきてくれるでしょう。今まさに社長が言ったように社員たちからの信望は厚いんです。そうなったらノノマルはどうなりますか。モノを作る社員もいない、営業する社員もいない、銀行からの支援も受けられない、あるのは何億円もの借金だけ。そんなノノマルで社長は何をするんですか？ 会社はみんなのものなんですよ。みんながいなければ会社は動かないんです」
想像もしなかった反撃を受け、弘樹は絶句した。

さらにここで修二は弘樹にある提案をした。弘樹個人の借金の処理について、弘樹が持っている700株のうち、400株を譲ってくれないかと持ち掛けたのだ。社長を退任すれば株を持っている意味はあまりない。それよりも修二に譲り、借金を清算したほうが弘樹にとっても得策だと説明した。実はこの提案は、神島の申し出を受けてのものだった。修二には400株を買い取る程の資金がなかったが、神島が一部を出資したのである。神島コンサルティングが弘樹から直接400株を買い取るのは弘樹の抵抗が予想され得策ではない。そのため修二の300株を神島コンサルティングが約4000万円で事前に取得することで修二に工面するという形をとった。吉岡はノノマルの株をお金に換えればいいと弘樹に言ったが、あんな奴に渡さずとも修二が買い取ることで、少なくともノノマルは野々宮家だけで経営が続けられるのだ。弘樹はしばらくの逡巡ののちうなずいた。

翌日開催されたノノマルの臨時取締役会で弘樹から取締役辞任の申し出がなされ了承された。新代表取締役には修二が選任された。また1週間以内に、弘樹が持つノノマル株のうち400株が修二に譲渡され、修二が最大株主となることが報告された。

これからが本番だ。今まではある意味で弘樹を悪者にすることができたが、もう悪者はいない。今度は何かあれば修二がトップとして社員たちの厳しい目にさらされるのだ。社員たちの期待も大きいぶん、それを裏切るようなことをすれば失望も大きくなるはず。一層身を引き締めなければならないと修二は自身に言い聞かせた。

加速する社内改革

理想銀行は1年間のリスケ延長を認めてくれた。これでさらなる経営改善を進めるための時間的余裕ができたが、新社長になった修二がやるべき課題は山積していた。

社員の賃金は約束どおり、5%カットを取りやめ元の水準に戻した。それと同時に、頓挫していた人事評価制度を導入することとした。

客観的な評価基準ができ、努力をすればそれが報われるキャリアパスが提示された。部署、役職ごとの標準的なスキルセットの体系的な設計は大変で、また年に2回面談をして評価をする上司の負担などは大きかったが、制度の導入効果は抜群で社員の業務スキル、士気ともに大きく上昇した。

また工場での主力であるパート社員も、昇給ランクアップだけではなく正社員登用の道まで開かれたことをとても喜び、それまで多く見られた遅刻や欠勤もほとんどなくなり、時間あたりの生産効率が向上するなどの効果が見られた。

営業部においては企画提案型営業が実際に少しずつ動き始めていた。そこには部署間の人材異動と生産連絡会議が大いに役立った。例えば生産管理部や製造部にいた社員が営業として取引先に行ったとき、こんな商品が欲しいと要望を受ければ過去の製品を紹介してアテンドしたり、即座に納期の見通しを立てたりすることができるようになった。あるいは開発部にいた社員が、顧客から製品についての相談がなくてもニーズ自体の提案ができるようになった。

そのような部署間協働はあちこちで行われるようになっていた。例えば生産管理部に、なんらかの事情で特定の素材を安く大量に売りたがっている仕入先があるという情報が入ることがある。そんなときは以前だったら、その素材は使わないからという理由で生産管理部のみの判断で断っていた。

しかし今は生産管理部がすぐに開発部に連絡して、こんな素材を安く入手できるのだがこれで何か開発できないかといった相談をするようになった。すると安く入手できるならこんな開発が考えられるといったアイディアが生まれる。

このような連携が社内で日常的に生まれるようになっていた。

改革の最後の仕上げ、原価管理システムの導入

修二が社長に就任してから10カ月ほどが過ぎた。営業部の業務改善の成果もあり、既存取引先からの新規受注は着実に増加していた。併せて、わずかずつだが新規取引先も増え始めていた。以前、取引先減少により一時期減少した売上は、ここ半年ほど増加傾向に転じていた。採算割れの赤字受注は絶対にしないようにと、修二も岩倉も営業部員に厳命していたので、売上の増加は確実に利益の増加に結びついた。月次試算表上の営業利益でも

若干の黒字が残せる月も出始めていた。

「社長、経営改善として可能な施策にはおおむね着手が済み、それぞれ一定の成果を上げています」

ある日の経営改善PT会議で神島がそう言った。

「もちろん個々の施策の深化や施策自体の改善は、これからも続けなければなりません。しかしそろそろ最後に残った大物、原価管理システム導入に着手していいタイミングです」

ノノマルのような製造業における原価管理システムは在庫管理や生産管理システムと一体になって、製品品種ごとや取引先ごとの原価を算出、管理できるシステムだ。製品品種ごとや取引先ごとの原価が管理できるということは、それらの利益率や付加価値率も可視化できる。

そうなれば受注状況、工場の2本の製造ライン、法定労働時間、原材料などの限られた生産リソースなど複数の制約条件の組み合わせ下において、どのように生産計画を立案すれば全体としての付加価値生産性を最大化できるのかが分かる。また受注生産には取引先の都合による変更や急な割り込みなども付きものだが、そういった可変性が高い状況で管理がシステム化されていれば最適な対応を取りやすくなる。

また生産管理システムはそのシステムに合わせて時間測定可能な製造プロセスが必要となるため、導入過程において製造工程全般が見直されて作業の標準化やプロセスの効率化が図れるというメリットもあった。だがこれは逆から見れば、これまでの製造工程を全面的に変えなければならないというデメリットでもある。

そのほかにも会計システムや受発注システムと連動することによって経理業務や営業管理業務の効率化というメリットもある。


一連の経営改善を通じてノノマルが「旧ノノマル」から「新生ノノマル」へ生まれ変わらなければならないことを修二は痛感していた。それはどんな注文にも笑顔で応える小回りの利く対応で売上拡大を目指すという重蔵が築いたノノマル創業時代の理念から、極端にいえば売上は適正水準であればよく、それよりも高い利益を得て社員が幸せに働けることを目指すという理念への変化である。

そしてその変化のためには、原価管理システムの導入は欠かせない課題であると修二も以前から認識はしていた。

にもかかわらずこれまで取り組めなかったのは、資金的な問題があったからだ。ノノマル規模の企業への原価管理システム導入では、おおむね５０００万円以上の投資が必要だといわれていた。債務超過で経営再建中のノノマルがそのような多額の投資を実施してよいものかどうか修二は迷った。

しかし、この点は案外簡単に解決した。理想銀行の杉浦を訪ね、このようなシステム投資を考えているがどう思うかと率直に聞いてみたところ、財務的にはまかなえる範囲内であり、また将来に活用できる前向きな投資なので銀行としては否定しない、ただしリスケ中なのでもちろん資金の融資はできないが、との回答が得られたのだ。

修二は、神島を通じて、製造現場の生産管理システム、原価管理システムに精通している専門家の赤井康政を紹介してもらった。

赤井は以前にN食品という上場企業の食品メーカーで生産管理一筋できた人物だった。50歳での早期退職後、10年にわたって生産管理コンサルタントとして、多くの企業に生産管理システムを導入してきた実績があり、生産管理関連の著書を何冊も執筆していた。

赤井により、工場のラインのレイアウト変更、作業テーブルや棚のレイアウトや高さの変更、倉庫のアドレス管理、工員の動線確保、治具の管理方法、空調温度の管理、照明の種類や位置の変更、さらには社員の動かし方、休憩時間の取り方など工場のありとあらゆる面が改善されていった。

それらの一連の改善はすべて原価管理システムに最適化されたものだった。

そしていよいよシステムが導入されると、赤井を講師として、生産管理部、製造部の社員に向けて連日の研修が実施された。「そもそも生産とは何か」「そもそも原価とは何か」というところから始まり、基本的な原価計算の方法まで20回にわたる連続講座であった。

さらに導入後の動作調整、会計システムとの連携調整などさまざまなコンサルティングが続いた。

導入設計に約1カ月、導入準備に約1カ月、試験運用期間が約3カ月、部分運用期間が約半年で、およそ1年掛けて原価管理システムの導入が完了した。

赤井の奮闘のおかげでノノマルの生産現場の生産効率は飛躍的にアップし、総原価率は5ポイント以上低下した。

システムの導入には、赤井への報酬も含め、約6000万円の費用がかかったが、生産性の向上や原価率の低下により4～5年で回収できる見通しであり、結果としては非常に費用対効果の大きな投資となった。

特定株主の排除、弘樹の追放

修二が社長になってから2年目、経営改善計画に着手してから3年目にノノマルはついに通年での黒字を達成した。実に5年ぶりに当期利益が計上された。売上は経営改善前の9割程度であったが、スリム化した経営体質によりそれでも十分利益が残せるようになっていた。

リスケも1年前に終了し今では元どおりの元利を返済している。来年には債務超過も解消する見込みだった。

無理な売上拡大を目指すことをやめたので社員に過重な負担がかかることもない。

社内は活性化し、提案型営業のための自主開発商品も、いくつか生まれるようになっていた。今年からは人材採用も再開し、いずれはＯＥＭではなく自社ブランドでのサプリメントなどの商品を開発したいという夢を抱いて入社してきてくれる新入社員もいた。社内の雰囲気は修二がノノマルで働き始めて以降最もいい状況になっており、まだまだノノマルは良くなれると、修二は手応えとやりがいを感じていた。

だがそんな修二の心に暗い影を落としていた問題があった。弘樹である。取締役退任後、弘樹からの連絡はまったく途切れてしまった。昨年度の定時株主総会開催時に開催通知は送ったが、返信はなかった。

ところが先日、急に弘樹から電話があり、会社の元帳などの会計帳簿と取締役会議事録を見せろと言ってきたのだ。これらの書類の閲覧請求権は、株主の権利として会社法に定められている。株主から要求されれば会社が拒否することはできない。

なぜいまさらと不思議だったが、弘樹のいうとおりに会議室に書類を用意し、見てもらった。そのうちの何枚かを弘樹はコピーして帰った。

それは1回では終わらなかった。翌週も、その翌週も、弘樹は帳簿閲覧を要求してきたのだ。社員たちも、2年も姿を現さなかった弘樹が毎週会社に来るようになって、いぶかしがっている。

修二が困惑気味に弘樹に理由を尋ねると、株主として自分の会社の経営をチェックして意見をいうのは当たり前のことだと弘樹は答えた。さらに今のノノマルの経営はもったいない状況で、無駄も多い。もっと投資をすればどんどん成長できるのに、それをしないのは経営者の怠慢のほかなく、自分をまた取締役にして経営に参加させろと言ってきたのだ。

どうやら弘樹は経営危機を乗り越え、黒字体質に生まれ変わったノノマルを、再び自分の会社として経営したがっているようであった。

——そんなことができるわけはないだろう。

修二は心からあきれた。だが弘樹は本気でそう考えているようだった。

その翌週、弘樹が臨時株主総会の招集を請求してきた。株主総会の目的は取締役の解任と選任、つまり修二を解任する一方、自分を取締役に選任させるための株主総会開催ということだった。

バカバカしいと思ったが高橋弁護士に確認すると、法律上、会社は株主総会の招集をしなければならないという。実質的な株主は修二と弘樹だけなので、弘樹を呼んで話すだけの臨時株主総会が開催された。弘樹から提案された議案は当然否決された。

修二は弘樹に向かってノノマルの経営陣に入れるつもりはまったくなく。時間の無駄だとはっきり告げた。

弘樹は黙って帰っていき、それから1カ月ほど動きはなかった。諦めたかと思っていたところ、Y弁護士の名前で内容証明郵便が修二のもとに届いた。内容は、弘樹が代表取締役の退職に際して役員退職慰労金を受け取っておらず、それを請求するというものだった。請求金額は8000万円であり、直ちに支給されない場合は民事訴訟を起こすとあった。

役員退職慰労金の支給には定款の定め、もしくは株主総会決議が必要であるが、ノノマルではいずれも存在していなかった。弘樹は代表取締役を自ら辞任したのであり解任させられたわけでもない。しかも退任時にはまだ当の弘樹自身が70%の株を保有する株主だったのだ。そのような状況を考えると、役員退職慰労金を支払う必要性はまったくないというのが高橋弁護士の見解であり、そのとおりにY弁護士に通知した。

すると、弘樹は本当に訴訟を起こした。これには高橋弁護士もあきれたが、こうも言った。

「実はこのYというのは過去に弁護士会から懲戒処分も受けている、タチの悪い弁護士なのです。もしかすると弘樹さんはYに騙されて利用されているのかもしれません。トラブルや訴訟を起こせば、勝っても負けても弁護士は弘樹さんから報酬が取れるわけですから」

それを聞いて修二は結局、兄は変わっていないのかと落胆した。以前もタチの悪い人間に利用されかかったのに……。

しかし今の修二はリーダーとしてノノマルを守らなければならない立場だ。毅然として立ち向かうしかない。

訴訟は簡単に終結し、当然ながら原告・弘樹の主張は全面的に棄却された。

すると今度は弁護士会に監査役である高橋弁護士の懲戒処分が請求された。一方的な行動で会社と株主に被害を与えた、というのだ。

もちろんこの請求も受け入れられなかった。

スクイーズアウトという最終手段

その後も折に触れて半ば嫌がらせのような請求が続いた。

弘樹の行動について、修二は神島に相談していた。実害がないとは言い切れないというのが、神島の見解だった。もし弘樹が自分の株をすべて反社会的な勢力の人物に売ってしまったりすると面倒なことになりかねないという。

修二の見立てだと、弘樹はあれでもノノマル創業家の一員ということを非常に大切に考えているため目的はお金ではなく経営に参加することだと感じていた。他人に株を売ってしまえば、本当にノノマルとはいっさい関係がなくなってしまう。そんなことをするとは思えなかったが、吉岡との一件もあることから他人に騙される可能性も含めて完全に否定することはできないと神島は慎重な姿勢を崩さなかった。

――確かに、以前の吉岡も、たぶん今回のY弁護士も兄を騙して利用している。それがまた起こらないとは限らない。見栄っ張りで自分を大きく見せたがり、しかも耳に痛い忠告は聞かない兄は、そういう連中からすれば簡単にだませるカモなのかもしれない。

神島は、修二が弘樹の株を買い取ってあげるのが一番いいだろうと話し、まずその正攻法で弘樹に持ちかけてみてはどうかと言ってきた。しかし、修二は前回の買い取りで残り少ない貯蓄のほとんどを使ってしまったため修二自身の個人資産はほとんどない。ノノマルの経営改善中における修二の報酬は最低限の生活が維持できる額しか受け取っていなかった。

それを聞いて神島は少し考え込んだが、まず弘樹に売却の意思があるのかないのかの確認が先決だろうとまとめた。修二は弘樹に連絡を取り、株を買い取りたい旨を伝えた。しかし弘樹は激怒して拒否した。修二の考えていたとおり、目的はお金ではないということだ。この件を神島に伝えると、神妙な面持ちで切り出した。

「いよいよ最終手段を採るしかなさそうですね。『スクイーズアウト』と呼ばれる方法です。簡単にいえば、株の単位を変更して弘樹さんが持っている分を、端数株式という1株未満の議決権のない株にしてしまうのです。すると株主総会にも参加できませんし、持っていてもほとんど意味の無い株になります。そうしてから買い取ればいいのです。実務上はいろいろと細かい手続きがありますが、それは私たちに任せてください。それよりも、これを実行すれば弘樹さんから株を取り上げて本当にノノマルとは関係ない人になります」

修二は迷うことなく、その提案に賛成した。


約4カ月でスクイーズアウトの手続きは完了した。弘樹のもつ株は端数株式となり議決権が行使できなくなった。ノノマルの経営を支配するという目的の点においては、まったく価値のないものになった。弘樹の株はノノマルがこの時点での適正評価額とされた5000万円で取得した。そして、弘樹は株主としての地位を失い、神島ファンドがノノマルの第二位の株主となったのだ。

一連の書類のやり取りは、ノノマル本社の会議室で行われた。高橋弁護士立ち会いのもと、いくつかの書類にサインをして印鑑を押す。10分ほどで手続きが済んだ。

「これでお前は俺から完全にノノマルを奪えたな」

「兄さん、申し訳ありません」

修二はまっすぐに弘樹の目を見ながらそう言い深々と頭を下げた。

弘樹がフロアから去ったのと入れ替わりで神島が会議室に現れた。

「終わりましたね」

覚悟はできていたはずだが、兄のやつれた顔、寂しそうな後ろ姿……。修二はとても諸手を挙げて喜ぶ気にはなれなかった。

修二は気を取り直したように神島に向き直った。

「出資の件では、ありがとうございました」

「いえいえ、乗りかかった船ですから。それに私は以前からコンサルタントがいつも口だけなのが、どうにかならんかとも思っていたのです。大企業の雇われ社長を相手にするならそれもいいですよ。でも中小企業の社長は、自分の人生のすべてをかけて自分のお金をつぎ込んで会社を経営しています。そんな社長に身銭はいっさい切らないコンサルタントがするアドバイスなんておこがましいでしょう？」

「それは私には分かりませんが……。しかし今回、先生に出資していただいて本当に助かりました」

【ポイント解説】

▼株主がもつ経営支配権と、取締役（経営者）がもつ業務執行権は明確に分けて考える

中小企業のほとんどはオーナー経営ですが、このオーナーとは株主を意味します。

株式会社の所有権＝経営支配権をもつのは株主であり、株式会社の最高意思決定機関は株主総会だからです。一方、取締役はオーナーから委任されて業務を執行する業務執行権をもつ立場です。株主は取締役の選任、罷免の権限をもつので株式会社の権力関係でいえば、株主のほうが取締役よりも上であることは明白です。これは代表取締役（社長）であっても同じです。

しかしオーナー経営とはオーナーが経営者＝取締役でもあるという状況です。そのため中小企業ではこの株式会社における株主と取締役との役割関係がはっきり意識されていないこともよくあります。

オーナーが株式の100％を保有しているときは、実際それでも問題は起こらないで

しょう。しかし中小企業でも相続などを経て株式の所有が複数の人に分散されていると、経営支配権を巡る争いが生じる要因になります。「会社は誰のものか」という古くて新しい問題に直面します。

株式は経営支配権を表すと同時に会社の資産の持分という財産権も表しています。それがあるために中小企業において株式をどのように扱うのかはさらに難しくなります。

経営支配権を集中させるほうがいいのか、分散させるほうがいいのか、また財産権を集中させるほうがいいのか、分散させるほうがいいのか、これらはその会社の状況、親族の状況によって異なり正解は1つではありません。

大切なのは株式会社における株主と取締役との関係、また経営支配権と財産権をもつ株主の性格、さらに自社の株主状況がどうなっているのかなどを正確に理解しておくことでしょう。

▼少数株主を軽視してはいけない

株式会社の最高意思決定機関は株主総会ですが、その議決は多数決により行われます。

取締役選任、解任などを含めた普通決議は出席株主の議決権の過半数、会社解散など特に重要な事項を決議する特別決議は出席株主の議決権の3分の2以上で採決されます。

議決権は原則的に株式保有数に応じて与えられるため、最低でも過半数の割合の株式を保有していない少数派の株主は、実際上は経営支配権を行使することはできないことになります。

ただし株主の権利には株主総会での議決権以外にも、さまざまなものが保有割合に応じて定められています。

例えば物語で弘樹が行使した、株主総会への議案提案権は100分の1以上の保有、会計帳簿閲覧請求権は100分の3以上の保有（例外あり）、株主総会招集請求権は3％以上（期間の定めあり）の保有でそれぞれ可能になります。

もっとも株主総会で少数株主の議案が提案されても多数派の賛同が得られなければ否決されます。

では実際、少数株主は株主総会での議決を通すことができないため、多数派の株主が少数派を無視していいのかといえばそうともいえません。物語でも触れられているように株式が好ましくない相手の手に渡ってしまった場合などは、面倒なことに巻き込まれかねません。それは別に反社会的勢力のような特殊な相手とは限りません。

単純な話、ライバル会社の手に渡ればライバル会社が自社の帳簿を見ることができるようになってしまうのです。これは困るでしょう。

そういうことがないように日頃から少数株主にも配慮しておくことが大切です。

▼スクイーズアウトという方法もある

日本の株式会社を律する法律は会社法ですが、会社法が施行されたのは2006年と比較的最近です。それ以前は旧商法が会社を規定していました。旧商法時代には少数株主の権利は手厚く保護されていましたが、それが柔軟な会社経営が求められる時代にそぐわなくなってきました。そこで会社法では少数株主から強制的に株式を買い上げる手法が、いくつか用意されました。こういった手法を総称してスクイーズアウトと呼びます。

詳細は専門的になり過ぎるのでここでは省きますが、少数株主への対応に困ったとき最終的にはそのような方法もあるということは頭の片隅においておくとよいでしょう。

［第6章］

数々の試練を乗り越え
2年で完全黒字化に成功
さらなる成長のために決断した
第三者承継という道

次の事業承継へ

5年が経った。

生まれ変わったノノマルは、かつて倒産寸前だったとは思えないような快進撃を続けていた。5期連続の増収増益を成し遂げ、営業利益率は業界でも屈指の高さを誇っていた。債務超過はとうに解消され自己資本比率は40%を超えている。

修二の経営は売上拡大を第一に目指さないはずなのに、結果として連続の増収に結びついていたことは、見方によっては不思議だったかもしれない。だが、実直に良い仕事を積み重ねれば自然と売上はついてくるという、商売の原則が実現されただけであった。

昨年度からは新卒採用も開始し社員数は正社員50人、パート社員60人に増加していた。社員の満足度は高く定着率も高かった。

以前から温めていた自社ブランド製品のネット限定販売も今年中にスタートする予定で準備が進められている。長年の夢が叶えられると社員は喜んだが誰よりも喜んでいたのは修二だった。

そんな喜びのさなか、修二に突然、悪い知らせが届いた。

2週間前に受けた人間ドックの大腸内視鏡検査で大腸にポリープが発見された。ポリープは切除され病理検査に回されていたが、それが悪性の腫瘍であることが分かった。すぐに再検査が行われ、外科手術の必要があると判断された。修二は国立病院で手術を受けた。がんの転移はみられず切除が成功したことは不幸中の幸いであった。

今後は経過観察を続け、5年間再発がなければ根治ということになると医師は告げた。同時に今までのような激務は控え、健康に留意した生活を送らなければ、再発リスクが高まると警告を受けた。

病気を境に修二は次の事業承継について真剣に考えるようになった。修二には子どもがいない。本来であればもっと早く考えておくべきだったのかもしれない。だが修二はまだ56歳だ。当然、あと10年や15年は働くつもりであり、事業承継などまだまだ先のことだと考えていた。自分に万一のことがあったらと考えることがなくはなかったが、それは現実のものとして真剣に考えたわけではない。

――なるほど。世間の中小企業で事業承継の準備が遅れるとよくいわれるのは、こういうわけなんだな。

やはり自分ごとにならないと分からないものだと、修二は一人苦笑した。

振り返ってみると、社長時代の弘樹が暴走したのは重蔵の事業承継の失敗だったととらえることもできる。重蔵が弘樹をしっかりした経営者として育成していれば、あるいは弘樹の暴走を防ぐような右腕を育成したり集団経営の仕組みをつくったりしておけば、結果はまったく違ったものになっただろう。同じ失敗は絶対に繰り返してはならない。

修二はそう決意を新たにして、神島に連絡を取った。

第三者承継の選択

修二は自分には子どもがいないし、ほかの親族にも事業を引き継げそうな者はいないことを説明して、どうすればいいのだろうかと尋ねてみた。神島は、事業承継には親族承継、社内承継、第三者承継の3種類の方法を挙げ、親族承継の可能性がないということなので、社内で承継するか、第三者に承継してもらうか、どちらかしかないだろうと提案した。

第三者承継とは、一般的にはいわゆるM&Aによって会社の経営権を譲渡することになる。関連事業を行っている大手企業の子会社になったり、同業他社とくっついたりといったことが多い。相手にとっても自社にとっても、どちらにとってもメリットが得られるような相手が見つかるかどうかがポイントになる。また会社の独立性は保ったまま、プロ経営者と呼ばれるような人を招聘して、その人に経営を託すという方法もあると付け加えた。

修二自身、この5年でノノマルはけっこういい会社になったと思っている。いまのノノマルの良さ、ノノマルらしさを受け継いでほしい。そのためには、できれば社内の人材に受け継いでほしいと考えた。だが経営者として、ふさわしいと思える人材は思い浮かばなかった。それは、そういう人材を意識的に育成してこなかった自分のせいだ。修二はくちびるを噛んだ。

神島は、本来であれば修二が回復して10年は陣頭指揮を執るのがベストだと前置きしたうえで、第三者承継の道を勧めた。M&Aというと「身売り」のような悪いイメージを持たれるかもしれないが、決してそんなことばかりではない。大手のグループに入ることで、その資本力を背景にして会社がより良くなっていくこともよくあるし、社員の待遇や福利厚生の充実が図られることが多く、一般的には良くなると説明した。

そのうえで、候補先として挙がったのがFドリンクだった。ノノマルの販売先のなかでも3本指に入る主要取引先だ。Fドリンクは、過去にも何社かをM&Aして子会社を増やしており、比較的M&Aに積極的であること。ノノマルがグループに入れば、Fドリンクにとってもメリットはとても大きいと思われるので、もしそういう話があれば乗り気になる可能性が高いことと神島は見立てていた。修二自身も悪くないかもしれないと感じていた。

「社長がいつもおっしゃっているように、会社はみんなのものです。だからこそもし社長に何かがあっても会社は残っていくことができますし、また残っていかなければなりません。そのための方法や選択肢がいろいろあるということは、覚えておいてください」

「分かりました。いや、先生にご相談してよかった。安心しました」

そう言って修二は神島の手をとり、握手をした。


「ところでその後、弘樹さんはいかがですか？」

「ノノマル株を売ったお金を元手にしてアパートやマンションをいくつか買って、今は大家業に専念しているらしいです。本社ビルも兄所有のままですし。さすがに歳をとって夜の遊びにもあまり行かなくなったみたいで、今は家賃収入で悠々自適の暮らしではないでしょうか」

「そうですか、それはよかった」

神島はうれしそうだった。

「私が以前、『弘樹さんを助けたい』と言ったことを覚えていますか」

「たしか神島さんがうちにいらしてすぐのときですよね」

「ええ。中小企業のほとんどは親族経営です。そして先代社長の子どもが会社を継ぐことが当たり前のように思われています。しかし考えてみるまでもなく、親と子どもは別人格です。性格も能力も違います。それなのに『社長の子どもだから社長』というのは、本当はおかしな話なのです」

修二はうなずいた。

「後継者に社長としての能力や資質が備わっていればいいでしょう。しかしそうではない場合はどうでしょうか。会社や社員にとって経営者が無能であるのは不幸です。けれどもいちばん不幸なのは、向いていないのに社長の子どもというだけで社長をやらされる、そのご本人だと私は思うのです」

神島は立ち上がって窓に近づき、ブラインドを上げて外を眺めた。

「社長時代にいちばん苦しかったのは弘樹さんで、今いちばんほっとしているのも弘樹さんかもしれません」

窓の外では夏の空に大きな雲がゆっくり流れていた。

【ポイント解説】

▼親族承継の可能性がないなら、早めにほかの方法を想定して準備を進める

事業承継には親族承継、社内承継、第三者承継の3種類の方法しかありません。経営者に子どもがいなければ、通常親族承継は行われないでしょう。

その場合、社内承継にするか第三者承継にするかを早めに予定だけは決めておいたほう

がいいでしょう。

特に社内承継の場合は2つの点で準備に時間がかかります。

1つは経営者としてふさわしい人材を社内で育成するための時間です。社員としての優秀さと経営者としての優秀さはまったく異なるものです。社員として優秀な人材でも経営者としての資質や能力を身につけさせるためには早くても数年はかかるでしょう。

そしてもう1つは株式を現オーナーから後継者に移転させるコストをどう準備するのかという問題解決にかかる時間です。

業績がいい会社であれば、規模にもよりますが株式の価値は数億円以上になるでしょう。後継者が子であれば相続、または生前贈与で移転することが一般的ですが、社員の場合は課税の問題を含めてさまざまな困難があります。

それを解決する方法はいくつか考えられますが、いずれにしても時間がかかります。

▼第三者承継を有利に進めるポイント

第三者承継とは一般的にM&Aのことを指します。M&Aに対しては身売りといったネガティブなイメージでとらえている経営者も多いのですが、必ずしもそうとは限りません。大手のグループに入れば経理、労務などの管理業務の効率化が図られたり、優秀な人材からの応募が増えたりなど、結果として会社が良くなり従業員が喜ぶことも多いものです。

ただこれはもちろん相手次第です。

ではいい相手とのM&Aを実現するにはどうすればいいかといえば、逆説的ですが売らなくてもいいなと思えるときに売ることです。つまり業績が好調でまだまだ伸びそうだと感じられるときに売るのです。そうすれば欲しいのは買い手のほうなので、交渉の主導権を売り手が握ることができます。

一方、会社の経営が悪化してからの救済色が強いM&Aになるとそもそも買い手が現れにくくなりますし、もし現れたとしても交渉において買い手の力のほうが強くなり売り手にとっては不本意な条件になるおそれもあります。

第三者承継は最後の手段として選択肢に残しておいたほうがいいかもしれません。

なおビジネスモデル自体が古くなり、業績悪化が続いている会社であれば、事業承継をせずに廃業を選ぶという選択肢もあります。その場合も廃業にはそれなりに費用や時間がかかるので、やはり早めに決断や準備をしておく必要があります。

エピローグ

中小企業の経営者は孤独です。

経営に関するすべてのことは経営者が自分だけで決断しなければなりません。そして同じ経営をしているのに、成功している間は褒めそやされ失敗したとなるとボロクソに言われます。多くの人は結果からしかものを判断できないためです。

多くの中小企業経営者が未来に向けての意思決定において、信じられるのは自分の判断だけだと考えるワンマン経営に陥ってしまうのはゆえなきことではないのです。

しかしそのような経営スタイルはハイリスク・ハイリターンな危ういものです。うまく好調の波に乗ればすばやく成長できますが、間違った方向に進んでいても軌道修正が難しく加速度的に経営が悪化してしまいます。

本書の物語はそんな方向に進みかけた架空の企業の危機と再生の物語でした。この物語は私たちが実際に支援させていただいたいくつかの企業の事例を組み合わせて、分かりやすいようにデフォルメし創作したものです。

あくまでフィクションですが中小の同族経営の企業において、ごく普通に見られるさまざまな問題を織り込みました。中小企業経営者が読めば、「うちの会社でも、こんなことあるな」と思い当たるようなエピソードが、一つや二つはあったのではないでしょうか。

今、日本経済が大きく変容しているなかで中小企業が果たすべき役割もまた変化を迫られています。

下請けとして親会社の無茶な注文にもなんでも応えようとすることで、ひたすら売上を伸ばすことを目指す。昭和の高度経済成長の時代ならそんなスタイルで経営者も社員も幸せになったかもしれません。

しかし働き方が見直され企業活動においても量的拡大一辺倒からＥＳＧ（環境・社会・ガバナンス）に配慮した質的充実が求められる昨今では、中小企業経営者も変わることが求められています。

このような時代に、ややもすればワンマン経営で裸の王様になりがちな同族企業経営者が、自ら変わっていくことはたいへん困難なのではないでしょうか。まさにストーリーのもう一人の主人公の野々宮弘樹のように。

しかしそれは必ずしも本人が悪人だからということではありません。周囲の環境が変われば経営者もまた変わるはずです。そのために必要なのが良質な相談相手でしょう。

本書を読まれて弘樹のようになってはいけないと思われたのであれば、ぜひ身近に相談相手を、特に自分にとって耳の痛いことを率直に進言してくれるような相手をおいてください。それは社内のナンバー2でもいいでしょうし顧問税理士や顧問弁護士でもかまいません。もちろん私たちのようなコンサルタントを選んでいただいてもよいと思います。

それが会社とあなた自身を救う道になるはずです。

神門 剛（かんど つよし）

大手会計事務所に入所後、法人・資産税部長として大手ゼネコン等の再生や中小企業の事業承継に取り組む。
1999年に監査法人を設立し、代表として多くのM&A・株式公開・監査案件を担当。2005年にみつきグループを創設。

みつきコンサルティング株式会社

みつき税理士法人のグループ会社として、事業承継に係るワンストップ・コンサルティングを担っている。特にM&Aや再生支援に豊富な知見を有し、中堅・中小企業の経営者に寄り添って、様々な経営課題に応えている。東京・名古屋を中心に、バンコク・松江のグループ拠点とも連携し、日本全国及びASEANにおいてサービスを提供。

みつき税理士法人
みつきコンサルティング株式会社
https://www.mitsukijapan.com

本書についての
ご意見・ご感想はコチラ

起死回生ロード ～倒産寸前企業の事業再生～

二〇二二年一〇月二〇日 第一刷発行

著 者 神門 剛
発行人 久保田貴幸
発行元 株式会社 幻冬舎メディアコンサルティング
〒一五一-〇〇五一 東京都渋谷区千駄ヶ谷四-九-七
電話 〇三-五四一一-六四四〇（編集）
発売元 株式会社 幻冬舎
〒一五一-〇〇五一 東京都渋谷区千駄ヶ谷四-九-七
電話 〇三-五四一一-六二二二（営業）
印刷・製本 中央精版印刷株式会社
装 丁 弓田和則
装 画 龍神貴之

 ISBN 978-4-344-94115-1 C0034
幻冬舎メディアコンサルティングHP http://www.gentosha-mc.com/